成语简论

（增订重排本）

马国凡 著

商务印书馆
创于1897 The Commercial Press

图书在版编目（CIP）数据

成语简论：增订重排本 / 马国凡著 . — 北京：商务印书馆，2023（2024.7 重印）

ISBN 978-7-100-22274-7

Ⅰ. ①成… Ⅱ. ①马… Ⅲ. ①汉语—成语—研究 Ⅳ. ① H136.31

中国国家版本馆 CIP 数据核字（2023）第 059992 号

成语简论

（增订重排本）

马国凡 著

商 务 印 书 馆 出 版
（北京王府井大街36号 邮政编码100710）
商 务 印 书 馆 发 行
三河市春园印刷有限公司印刷
ISBN 978-7-100-22274-7

2023 年 10 月第 1 版　　　开本 787×1092　1/32
2024 年 7 月第 2 次印刷　　　印张 4³/₈

定价：29.00 元

初版前言

　　本书是根据近年来的部分教学心得写成的。几年来我多次讲汉语词汇，也多次接触成语这一部分，每讲过一次都有好多收益，其中有些问题是为同学们解答疑难而涉及的。今年六月，我利用业余时间把关于成语方面的问题加以整理，这就是内蒙古师范学院学报上的《汉语的成语》和《中国语文》(总76期)上的《成语的定型及规范化》。假期许多函授生要关于学习成语的材料，于是经过改写便是这本书了。

　　改写的时候曾尽力使解说通俗些，但脱稿时我自己还是不满意的，然而限于时间，只好定稿了。不过我想具有中等以上文化程度的同志阅读它是不成问题的。

　　编写的时候曾经希望这本书能够对学习汉语的成语有所帮助，但由于作者的水平限制，还不敢肯

　　定能否做到这一点。

　　书中错误之处定当不少，望读者指正。

作者

1958 年 11 月

二版附记

《成语简论》出版以来得到各地读者的关心和支持。许多同志来信，谈意见和要求，还有的同志远路而来面谈一些疑难问题。根据这些同志提出的问题和要求，趁此次重印的机会，再作一次修订。

这次改动大致分为"增""删""改"三个方面。

"增"的一是把原第六节分为六、七、八节，增加了成语的旧读、异读问题，这也是多数读者来信要求这样做的；一是引用文献原来只注书名而没注篇章名的增注篇章名。

"删"的部分较少，被删的是少数不够妥切或不够典型的例子。

"改"的是个别误、漏的地方。

最后，谨向关心、支持本书写作的各地读者同

志，为本书审校付出辛勤劳动的编辑同志致以衷心
的谢意！

作者

1964 年 8 月

目 录

一 什么是成语

　　成语一词是大家所熟悉的，但认真给成语下个定义却又不大容易。目前，在这方面大家的看法还不一致。有的较宽，有的较严；宽的甚至包括一切谚语、俚语、格言，严的甚至只承认古代的某些有固定来源的短句或词组是成语，其他的就不是。过宽过严都会妨碍我们正确地判定成语。究竟哪些是成语，哪些不是成语，应该有一个比较行得通的标准，而这个标准应该是从成语本身特点归纳出来的。

　　《辞海·戈部·成语》曾这样解释什么是成语："古语常为今人所引用者曰成语。或出自经传或来自谣谚，大抵为社会间口习耳闻，为众所熟知者。"这个解释当然有它正确的地方，但也有严重的缺陷，缺陷就在于它只是从成语的来源以及在社会上使用状况来说明，而忽略了从成语本身状况来说明什么是成语。显然，依这个定义去判定成语，势必会产生下列问题：不是古语不能成为成语；不是来自经传或谣谚的不能成为成语；而来自经传或谣谚的古语，为大家所熟悉而常常加以引用的才是成语。依前两点去判定成语，实质上是缩小了成语的范围，一些产生较晚或来源于人民口语一时尚查不出出处的"来历不明"的成语就被剥夺了当成语的资格。我们知道，语言是不断丰富和发展的，这种丰富和发展不是在一个短时期内完成的，而是体现在语言发展的全部进程中。作为语言的有机组成部分之一的成语，它的丰富和发展毫不例外，也必定是体现在全部发展的进程中。因此，有形成较早的成语，有形成较晚的成语，当然也有形成不久甚至刚刚形成的成语，像"一清二白""三长两短""七手八脚"等都是大家较熟悉的成语，但它们比起"缘木求鱼""守株待兔"一类的成语，论历史，相差得几乎不可比拟了！依前两项标准，它们是不配称作成语的。若依第三点来判定什么是成语则实质上是扩大了成语的范围。来自古代"经传"或"谣谚"的语句很多，"学而时习之，不亦说（悦）乎"（《论语·学而》）、"天苍苍，野茫茫，风吹草低见牛羊"（《敕勒歌》）、"三月三，脱了寒衣穿汗衫"（《古谣谚·占年》）等，都是大家较熟悉的古代"经传""谣谚"，但它们并不是成语，在文章里只能算是引语。上面的情况告诉我们过宽或过严都是不利于我们判定成语的。

确定成语不但要考虑人们对它的熟悉和使用的情况，同时还要考虑成语本身的特点。一般说来，成语必须具备下列两方面条件：

第一，必须是人们在一定时间内习用的、有固定结构形式或固定说法的词组或短句；

第二，结构成分绝大多数是符合古代汉语特点的单音成分，部分成语甚至保留古代汉语的语法特点。

我们先说明第一个特点。"一鼓作气""雷厉风行""满面春风""三长两短"都是大家熟悉而又常常使用的成语。它们各有自己的历史，历史的长短也不一样，"一鼓作气"最早见于《左传·庄公十年》，"雷厉风行"最早见于唐·韩愈《潮州刺史谢上表》，"满面春风"最早见于宋·程节斋《沁园春·贺新冠》，"三长两短"则是近代才有记载。这些成语历史较长的也好，较短的也好，它们总是有相当长时间的历史。成语的历史不但包括人们使用它的时间，同时也应该包括它本身的形成过程，因此，一定说古语才是成语，就未免太过了。成语不但都有一定时间的历史，而且都有固定的结构或说法，换句话说，就是定型化。成语虽然有一定的来源，可是它本身还是约定俗成的东西，"一鼓作气"不能改成"二鼓作气"或别的什么，"满面春风"也不能随便改成"满身春风"或别的什么。成语除了极少一部分可以有两种或多种说法以外是不能任意变更的。这两种或多种说法有的是成语本身的历史演变，在某一段时间里是一种说法，过了一定历史时期这种结构又被另一种结构代替了（像"家至户晓"被"家喻户晓"所代替），有的是无损原意的结构变化、颠倒结构次序（像"同工异曲"与"异曲同工"）。第一种是前后接替的，差不多是后起的代替从前的。第二种是可以同时使用的，至于什么时候使用哪一种，那要看个人的习惯和语言环境（如在韵文里为了押韵常常颠倒使用）。这两种情况并不破坏成语的定型化。这两种情况是少数的，同时它们很少有第三种格式，而第一种情况，若把成语固定在一定历史阶段上，仍然只有一种格式。关于成语结构的变化我们在成语的演变中再讨论，这里就不多说了。

其次说明第二个特点。

哗众取宠　　　　丰衣足食

义不容辞　　　　有备无患

变本加厉　　　　张牙舞爪

东张西望　　　　谈虎色变

张冠李戴　　　　守株待兔

这些成语是随便举出的几个例子。我们观察一下这些成语的结构，就会发现这些成语在结构上有一个共同特点：每个构成成分都是单音节的，也就是一个字是一个意义单位，这些构成成分大多数不是现代的词语，比如"哗""众""丰""衣""食""义""容""辞""备""患""厉""爪""冠""株""待"等都不是现代词语。在现代词语中它们不过是构词成分，代替它们的是新的复音词：代替"冠"的是"帽子"，代替"爪"的"爪子"，代替"厉"的是"厉害""严厉"等，代替"患"的是"祸患""灾患"等，代替"备"的是"防备""准备"等，代替"辞"的是"推辞""辞谢""辞退"等，代替"容"的是"容许""容受"等，代替"义"的是"义理""大义""正义"等，代替"食"的是"食物""饮食""饭食"等，代替"衣"的是"衣服""衣裳"等，代替"丰"的是"丰足""丰富"等。成语中双音的构词成分是极少的（如"孤苦伶仃"中的"伶仃"）。部分成语中还保留了古代汉语的语法特点："丰衣足食"中的"丰""足"都是自动词，就今天情况说，不能带宾语；后面的"衣""食"不是"丰""足"的宾语，恰恰是主语。按现代语法结构只能有"衣丰食足"的关系，不能有"丰衣足食"的关系。"丰衣足食"的形式，在古代汉语中是可以用的，但有时是"衣丰食足"之意，有时是使成关系，就是使"衣""丰"，使"食""足"，"丰衣足食"显然是古代语法关系的保留。

另外，大多数成语都是由四个音节构成的（理由在"成语的结构"一章里讲），仅一小部分是由三、五、六或更多一些音节构成的，这虽然不是绝对的规律，但却代表大多数成语的表现形式。

概括上面两方面的条件，我们可以说，成语是人们在一定长时间内习用的定型语句，其组成成分多是单音的古代词或现代词的词素，四个音节是其基本形式，因此，成语不同于古书上的引语，也不同于现代语中临时搭配的词组。根据这一定义我们可以判定为什么"剑拔弩张"是成语，而"科学研究""努力生产"不是成语。只有紧紧抓住成语的特点才能正确判定成语与非成语的界限，才不致扩大或缩小成语的范围。

至于广义的理解成语这又是另外一回事，但广义的理解成语会造成真正的（狭义的）成语与谚语、格言、引语以及政治术语的混淆，因此也就抹杀了成语、谚语、格言、引语之间的区别。

有些熟悉外语的同志，常常以外语的"成语"概念来确定汉语成语的概念，这也是值得商榷的。

一种民族语言有一种民族语言的特点，忽略本民族语言的特点，用另一民族语言的某类现象来解释本民族语言的规律，这是不妥的，也是有害的。为了对译上的便利而这样做也并不合适。民族语言的对译不是目的，而是达到交际目的的手段。对译必须以精确性作为评价的标准。况且两种语言的对译，往往很难十分精确，如果依据另一民族语言中某些类似汉语成语的语言结构，来限定汉语成语的界限，这就不容易正确判定汉语成语，也无法真正划分成语、谚语、惯用语以及其他固定词组的界限了。

二 成语的结构

前面我们提到，大部分成语都是由四个音节（字）组成的，为什么呢？这不会是偶然的巧合，而是有它的原因的。

成语所以采取四字一组作为自己的基本形式是由成语的特殊使命来决定的。成语的特殊使命是什么呢？简单点说，成语一方面要深刻地表达思想意识，另一方面，又要极其概括而又精练。这样，过短就不能清楚地表达深刻的认识，过长了又显得累赘和松懈，不够精练，不够概括。我们知道成语大多数是由单音构成成分组成的，一个音节是一个意义单位，四个音节就是四个意义单位。四个意义单位可以配合成多种结构关系，这些结构关系足以表达任何一种认识。下面一些成语可以代表各种不同的语法结构：

一、愚公移山（主—谓—宾）

二、泾渭不分（主—状—谓）

三、死灰复燃（定—主—状—谓）

四、狐假虎威（主—谓—定—宾）

五、利令智昏（主—谓—兼—宾）

六、家喻户晓（主—谓　主—谓）

七、唇亡齿寒（主—谓　主—谓）

八、恍然大悟（状—状—谓）

九、对牛弹琴（状—谓—宾）

十、指鹿为马（谓—兼语—谓—宾）

十一、一丘之貉（定—中心语）

十二、左右逢源（状—谓—宾）

十三、东奔西走（状—谓　状—谓）

十四、人面兽心（定—中心语　定—中心语）

十五、废寝忘食（谓—宾　谓—宾）

例一至例五都是单句式结构。例一是简单的主语、谓语、宾语的结合。例二是两个主语。例三是在主语前有定语，谓语前有状语。例四是在宾语前有定语。例五是兼语式句。六、七两例是双句，例六中"家喻"与"户晓"是并列关系，例七中"唇亡"与"齿寒"两句间有条件关系。例八至例十二是词组。例八中心成分是"悟"，"恍然"与"大"都是修饰、说明"悟"的。例九中心部分是动宾关系的"弹""琴"，"对牛"是一组介词结构，用来说明"弹"的，它对于"弹"来说又是主从关系。例十实质是省略主语的兼语式句式结构。例十一中心部分是"貉"，"一丘"是修饰"貉"的。例十二中心部分是动宾关系的"逢源"，"左右"是修饰"逢"的。例十三至例十五是两个词组的平列。例十三是两个主从结构的词组"东奔"和"西走"。例十四也是两个主从结构的词组"人面"和"兽心"。例十三是两个以动词为中心的词组，例十四是两个以名词为中心的词组。例十五是两个动宾关系的词组"废寝"和"忘食"。

由此不难看出四个字一组确实可以表达复杂的语法关系，这对表示复杂认识来说是必不可少的条件。此外四个音节在声调平仄的配合上也有一定的便利，加之中国古代传统文学的影响（《诗经》大部分是四个音节），这就形成了成语的基本格式。

当然，基本格式并不是全部成语的格式，在四字一组不能很好表现成语的深刻意义时，就不能不突破这种格式，形成新的格式，这就是一些非四字一组的成语，像"有过之而无不及""风马牛不相及""五十步笑百步""小巫见大巫"等成语都属这一类。不过凡是能用四字一组概括的还是都采取了这种基本格式，事实上许多成语就来源看并不一开始就是四字一组，有多的，也有少的。多的往往省略其中不太紧要的成分，特别是关联成分，例如：

　　少见多怪——"少所见，多所怪，睹橐驼，言马肿背。"（汉·牟融《理惑论》引《谚》）成语"少见多怪"是省略了原句中两个"所"字。

　　任重道远——"士不可以不弘毅，任重而道远。"（《论语·泰伯》）成语"任重道远"省略"而"字。

　　缘木求鱼——"以若所为，求若所欲，犹缘木而求鱼也。"（《孟子·梁惠王上》）成语"缘木求鱼"省一"而"字。

　　九牛一毛——"假令仆伏法受诛，若九牛亡一毛，与蝼蚁何以异。"（《文选·司马迁〈报任少卿书〉》）成语"九牛一毛"省略一"亡"字。

　　狡兔三窟——"冯煖曰：'狡兔有三窟，仅得免其死耳。今君有一窟，未得高枕而卧也。请为君复凿二窟。'"（《战国策·齐策四》）成语"狡兔三窟"省一"有"字。

　　少于四字的，大多是增加一些同义成分或其他不关紧要的成分，这样无损于原意，例如：

井底之蛙——语出《庄子·秋水》："井蛙不可以语于海者，拘于虚也。"《后汉书·马援传》："子阳井底蛙耳，而妄自尊大，不如专意东方。"今加一"之"字。

依依不舍——《诗经·小雅·采薇》有"昔我往矣，杨柳依依"之句，"依依"形容树枝柔弱、随风摇曳的样子。"依依"与其他词素结合之后，成为"形容……的样子"，引申为"……的样子"。《楚辞·九思·悼乱》有"志恋恋兮依依"之句，指"思慕"的样子。《玉台新咏·古诗〈为焦仲卿妻作〉》："举手长劳劳，二情同依依。"今于"依依"之后加一"不舍"，以增原意。

倾家荡产——《后汉书·童恢传》有"倾家赈恤，九族乡里赖全者以百数"句，今于"倾家"后加"荡产"，突出原意。《三国志·蜀书·董和传》作"倾家竭产"。

还有一些成语是比合两个双音节词组而成的，例如：

敷衍塞责——《文选·张衡〈西京赋〉》有"篠簜敷衍，编町成篁"句，《宋史·范冲传》也有"上雅好《左氏春秋》，命冲与朱震专讲，冲敷衍经旨，因以规讽，上未尝不称善"之语。不过，这里的"敷衍"是散布蔓延引申之意。《韩诗外传》有"前犹与母处，是以战而北也，辱吾身；今母没矣，请塞责"句，《汉书·公孙弘传》有"恐先狗马填沟壑，终无以报德塞责"句，《史记·张耳陈馀列传》的"吾责已塞，死不恨矣"则是一种活用。今合"敷衍"与"塞责"为一。

匿迹销声——三国魏·曹植《九愁赋》有"感龙鸾之匿迹，如吾身之不留"句，《文选·张协〈七命〉》有"圣人不卷道而背时，智士不遗身而匿迹"句。"销声"亦作"消声"。唐·唐彦谦《秋霁丰德寺与玄贞师咏月》诗中有"群动消声举世眠"句。今合"匿迹"与"销声"为"匿迹销声"，或作"销声匿迹"。

斤斤计较——《诗经·周颂·执竞》有"斤斤其明"句。"斤斤"是明察的意思。毛亨传："斤斤，明察也。"也形容拘谨。清·蒲松龄《聊斋志异·锦瑟》："生斤斤自守，不敢少致差跌。"现多指琐屑细微，过分。鲁迅《书信·致台静农》："我非不知商人技俩，但以惮于与若辈斤斤计较，故归根结蒂，还是失败也。"《三国志·吴书·孙坚传》有"坚夜驰见术，画地计校（同"较"）"
句。今合为"斤斤计较"。

孤注一掷——《宋史·寇准传》有"钦若曰：
'陛下闻博乎？博者输钱欲尽，乃罄所有出之，谓
之孤注。陛下，寇准之孤注也，斯亦危矣'。"之
语。《晋书·孙绰传》有"何故舍百胜之长理，
举天下而一掷哉"之句。今合为"孤注一掷"。
宋·辛弃疾《九议》："于是乎'为国生事'之说起
焉，'孤注一掷'之喻出焉。"

成语的结构分类也是按四字一组的基本格式
划分的。大多数由四个音节组成，这算一类，这一
类中又可细分为几种情况；非四个音节组成的另为
一类：

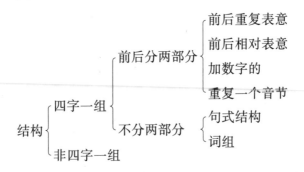

四字一组前后分两部分的，又分四种情况。第

一种情况是前一部分和后一部分的整体意义一样，实际是一个意义的重复，两个部分意义相等，加在一起更加重表现这一意义，如：

东奔—西走　　谨小—慎微

胡言—乱语　　穿凿—附会

奴颜—婢膝　　并驾—齐驱

防微—杜渐　　脑满—肠肥

摧枯—拉朽　　手舞—足蹈

狼吞—虎咽　　轻描—淡写

第二种情况是相对表意的，单靠前一部分或后一部分都不能表现该成语的意义。比如第一种情况的"东奔西走"中的"东奔"或"西走"都是该成语的整体意义，而第二种情况"阳奉阴违"中的"阳奉"或"阴违"只是该成语中的一部分，两部分合在一起才能表现"阳奉阴违"的意义。属于这种的有：

外强—中干　　千篇—一律

大同—小异　　名存—实亡

眼高—手低　　言简—意赅

唇亡—齿寒　　兔死—狐悲

口蜜—腹剑　　微言—大义

　　人面—兽心　　　秀外—慧中

第三种情况是在成语中加进两个对比的数字，它实质上也属于上述两种关系之内，只不过夹进的是数字，如：

　　一清二白　　　　一知半解

　　三言两语　　　　三心二意

　　三长两短　　　　四面八方

　　五花八门　　　　五光十色

　　七嘴八舌　　　　七手八脚

　　千头万绪　　　　千方百计

　　千山万水　　　　万紫千红

第四种情况是一部分成语常常有一个成分重复使用，如：

　　不伦不类　　　不三不四　　　如火如荼

　　非驴非马　　　同心同德　　　任劳任怨

　　患得患失　　　作威作福　　　再接再厉

　　四字一组前后分两部分的四种情况就是这样一些。值得注意的是，在这一类成语中往往利用同义（广义的）成分或反义（广义的）成分来加重或对比说明认识，如：

　　外强中干　　　左顾右盼

　　大惊小怪　　　　赴汤蹈火

　　手舞足蹈　　　　颠三倒四

　　防微杜渐　　　　阳奉阴违

　　狼吞虎咽　　　　花言巧语

"外强中干"是"外强""中干"两部分对比，其中"外""中"是一组，"强""干"是一组，都是意义相对的，也就是前面所说的反义关系。"左顾右盼"是"左顾"与"右盼"两部分重复表意，其中"左""右"是反义关系，"顾""盼"是同义关系。"防微杜渐"中"防""杜"是同义关系，"微""渐"是同义关系。"阳奉阴违"中"阳""阴"是反义关系，"奉""违"是反义关系。成语中构成成分间的同义、反义关系都不是很严格的，只能从广义的角度理解，严格讲其中有的是同义、反义，有的只是近义或对义。例如：

　　冰肌玉骨　　　　鸡口牛后

　　正言厉色　　　　招降纳叛

　　行尸走肉　　　　装腔作势

　　穷兵黩武　　　　凄风苦雨

　　四字一组的第二类是在结构上不分前后两部分，其中有的是一个短句，如：

塞翁失马	滥竽充数
怒发冲冠	杞人忧天
笑容可掬	百家争鸣
死灰复燃	盛气凌人
痴人说梦	叶公好龙

有的是词组，如：

藏器待时	见笑大方
与狐谋皮	悬崖勒马
退避三舍	坐井观天
虚张声势	闻鸡起舞
寄人篱下	掩耳盗铃

总括上面两类都是四字一组的，它们是成语的大多数。属于非四字一组的成语，如：

物不平则鸣

可望不可及

欲速则不达

风马牛不相及

有过之无不及

过屠门而大嚼

迅雷不及掩耳

五十步笑百步

解铃还须系铃人

山雨欲来风满楼

心有灵犀一点通

挟天子以令诸侯

树欲静而风不止

是可忍孰不可忍

此外，还有八字的，实际是四字的变体。这类成语有的是前后连在一起的，如：

八公山上，草木皆兵

覆巢之下，无有完卵（亦作"覆巢之下无完卵"）

百足之虫，死而不僵

项庄舞剑，意在沛公

有的是前后呼应的，如：

明修栈道，暗度陈仓

皮之不存，毛将焉附

失之毫厘，谬之千里

失之东隅，收之桑榆

取之不尽，用之不竭

近朱者赤，近墨者黑

落花有意，流水无情

言者谆谆，听者藐藐

成语的结构略如上述。但是，四个字的结构特点，能不能作为判定成语的标准呢？不能。因为：

第一，成语的特征不单是形式上的，除了形式上的，还有意义上的。形式上的特征也不单是字数的多寡，还有构成成分上的。因此，四个字是成语在形式上的特征之一，不是全部特征。

第二，四个字是成语的基本格式，并不是唯一格式。

第三，四个字是成语的基本格式不等于说凡是四个字的都是成语。

三 成语的来源

《辞海》上说，成语"或出自经传或来自谣谚"，这大体上是对的。不过我们对经传和谣谚的理解应当宽些，经传应泛指书面语，谣谚应泛指口语。

严格说，许多成语虽然见录于经传，但这却不一定是它的真正来源。"闭门造车"这个成语最初见于《中庸》。《中庸·或问》中记载："古语所谓闭门造车，出门合辙，盖言其法之同也。"这句中所谓"古语"就说明"闭门造车"由来已久，至少是在作者写书以前很久就在人民口头上流传使用了。"长袖善舞"这一成语最初见于《韩非子》。《韩非子·五蠹》中记载："鄙谚曰，长袖善舞，多钱善贾。"这句中"鄙谚曰"也说明，"长袖善舞"早在《韩非子》以前就存在了。这些都说明有些成语虽见于书面，实来自口语。为了便于说明，我们把成语概括为五个来源，即：

1. 寓言的缩写；

2. 历史事件的缩写；

3. 作品中名句的缩写；

4. 谚语；

5. 外族成语的借用。

（一）寓言的缩写

寓言不是用显然的暴露方法来说明事物，而是以譬喻的形式来说明一种思想认识。中国古代寓言是非常丰富的，《列子》《孟子》《庄子》《韩非子》等书中都有很多生动的寓言，来源于寓言的成语都是该寓言所叙述的比喻事件的概括。"愚公移山"是大家所熟知的成语，它原是《列子·汤问》中的一段寓言故事，描写一位九十高龄老翁移山开路的事迹。把这样一段寓言故事用"愚公移山"四字概括起来，表示坚强的意志可以克服一切困难和人定胜天的思想，成为一个成语。再如《孟子·公孙丑上》中描写这样一段故事：宋国有一个农人，他看到自己田里的小苗长得很慢，于是把小苗都拔高了些，忙了一天，才拔完。晚上，他拖着疲倦的身子回到家里对家人说，今天太累了，我帮助小苗长高了。他儿子跑到田里去看时，小苗都已经枯死了。

现在我们就用"揠苗助长"来说明"欲速则不达"。

来源于寓言的成语很多，下面一些都是：

塞翁失马——《淮南子·人间训》：近塞上之人，有善术者，马无故亡而入胡。人皆吊之，其父曰："此何遽不为福乎？"居数月，其马将胡骏马而归，人皆贺之，其父曰："此何遽不能为祸乎？"家富马良，其子好骑，堕而折其髀，人皆吊之，其父曰："此何遽不为福乎？"居一年，胡人大入塞，丁壮者引弦而战，近塞之人，死者十九，此独以跛之故，父子相保。故福之为祸，祸之为福，化不可极，深不可测也。

刻舟求剑——《吕氏春秋·察今》：楚人有涉江者，其剑自舟中坠于水，遽契其舟曰："是吾剑之所从坠。"舟止，从其所契者入水求之。舟已行矣，而剑不行，求剑若此，不亦惑乎？

守株待兔——《韩非子·五蠹》：宋人有耕田者，田中有株，兔走触株，折颈而死，因释其耒而守株，冀复得兔，兔不可复得，而身为宋国笑。

画蛇添足——《战国策·齐策二》：楚有祠者，赐其舍人卮酒，舍人相谓曰："数人饮之不足，一人饮之有余；请画地为蛇，先成者饮酒。"一人蛇先成，引酒且饮之，乃左手持卮，右手画蛇，曰：
"吾能为之足。"未成，一人之蛇成，夺其卮曰：
"蛇固无足，子安能为之足？"遂饮其酒。为蛇足
者，终亡其酒。

自相矛盾——《韩非子·难一》：楚人有鬻盾
与矛者，誉之曰："吾盾之坚，物莫能陷也。"又誉
其矛曰："吾矛之利，于物无不陷也。"或曰："以子
之矛陷子之盾，何如？"其人弗能应也。

与狐谋皮——《太平御览》卷二〇八引《符
子》：周人有爱裘而好珍羞，欲为千金之裘而与狐
谋其皮，欲具少牢之珍而与羊谋其羞，言未卒，狐
相率逃于重丘之下，羊相呼藏于林之中。故周人十
年不制一裘，五年不具一牢。

五十步笑百步——《孟子·梁惠王上》：孟子
对曰："王好战，请以战喻。填然鼓之，兵刃既接，
弃甲曳兵而走，或百步而后止，或五十步而后止，
以五十步笑百步则何如？"曰："不可，直不百步
耳，是亦走也。"

买椟还珠——《韩非子·外储说左上》：楚人
有卖其珠于郑者，为木兰之柜，薰以桂椒，缀以珠
玉，饰以玫瑰，辑以羽翠，郑人买其椟而还其珠。

此可谓善卖椟矣，未可谓善鬻珠也。

（二）历史事件的缩写

中国历史上有许多著名的历史事件，这些事件被加工整理记录下来，成为历史文学作品。后人常常用一个简单的语句表示这样的事件，通过它说明一种认识或一种境况，这就是我们常常使用的另一类成语。比如楚汉之争是中国历史上一个大事件，司马迁在他的《史记》中对这次战争作了深刻的反映，成语"破釜沉舟""四面楚歌"就是与之有关的描写。"破釜沉舟""四面楚歌"见于《史记·项羽本纪》。"破釜沉舟"突出反映了项羽与秦军作战的情况：项羽派当阳君英布和蒲将军率军救巨鹿，战事进展很不顺利，陈馀又请求增派援兵，于是项羽亲自带兵渡河。过河后，把船全部凿沉，毁掉了吃饭用的器具，烧掉了住处，每人只带够三日用的粮，以示战斗的决心，非死即胜，最后果然打败了秦军。后来用"破釜沉舟"这一成语表示有进无退，决一死战。"四面楚歌"是描写项羽被刘邦围困走投无路的情景：项羽被汉军及诸侯军围困在垓下，兵少粮尽；汉军全部唱着楚国的歌子，项羽大惊，以为汉军完全占领了楚国，因而丧失了斗志，最后自刎于乌江。后来就用"四面楚歌"来表示四面受敌、孤立无援和走投无路。

属于历史事件缩写成的成语很多，下面一些都是。其中有的是历史上的人物事件，有的是个人言行故事：

退避三舍——《左传·僖公二十三年》：晋、楚治兵，遇于中原，其辟君三舍。又《僖公二十八年》：微楚之惠不及此，退三舍辟之，所以报也。

卧薪尝胆——《史记·越王勾践世家》：吴既赦越，越王勾践反国，乃苦身焦思，置胆于坐，坐卧即仰胆，饮食亦尝胆也，曰："女忘会稽之耻邪？"后宋·苏轼《拟孙权答曹操书》中亦有"仆受遗以来，卧薪尝胆"之句。

唇亡齿寒——《左传·僖公五年》：晋侯复假道于虞以伐虢，宫之奇谏曰："虢，虞之表也，虢亡，虞必从之……谚所谓'辅车相依，唇亡齿寒'者，其虞虢之谓也"。

风声鹤唳——《晋书·谢玄传》：苻坚众号百万，列阵临淝水，（谢）玄以兵八千涉水，坚众崩溃，弃甲宵遁，闻风声鹤唳，皆以为王师。

指鹿为马——《史记·秦始皇本纪》：赵高欲为乱，恐群臣不听，乃先设验；持鹿献于二世曰："马也。"二世笑曰："丞相误耶？谓鹿为马。"问左右，左右或默，或言马以阿顺赵高，或言鹿者；高因阴中诸言鹿者以法。

夜郎自大——《汉书·西南夷传》：南夷夜郎国，以一州王，不知汉之广大。见汉使问："汉孰与我大？"

望梅止渴——《世说新语·假谲》：魏武行役失汲道，军皆渴，乃令曰："前有大梅林，饶子，甘酸可以解渴。"士卒闻之，口皆出水，乘此得及前源。

一字千金——《史记·吕不韦列传》：吕不韦乃使其客人人著所闻，集论以为八览、六论、十二纪，二十余万言。以为备天地万物古今之事，号曰《吕氏春秋》。布咸阳市门，悬千金其上，延诸侯游士宾客，有能增损一字者，予千金。

一箭双雕——《北史·长孙晟传》：尝有二雕，飞而争肉，因以箭两只与晟，请射取之。晟驰往，遇雕相攫，遂一发双贯焉。

一鸣惊人——《史记·滑稽列传》载，齐威王之时喜隐，好为淫乐长夜之饮……淳于髡说之以隐，曰："国中有大鸟，止王之庭，三年不蜚又不鸣，王知其鸟何也？"王曰："此鸟不飞则已，一飞冲天；不鸣则已，一鸣惊人。"

名落孙山——宋·范公偁《过庭录》：吴人孙山，滑稽才子也。赴举他郡，乡人托以子偕往；乡人子失意，山缀榜末先归。乡人问其子得失，山曰："解名尽处是孙山，贤郎更在孙山外。"

打草惊蛇——宋·郑文宝《南唐近事》：王鲁为当涂宰，颇以资产为务。会部民连状诉主簿贪贿于县尹，鲁乃判曰："汝虽打草，吾已蛇惊。"

司空见惯——唐·孟棨《本事诗·情感》：刘尚书禹锡罢和州，为主客郎中，集贤学士。李司空罢镇在京，慕刘名，尝邀至第中，厚设饮馔。酒酣，命妙妓歌以送之。刘于席上赋诗曰："髻鬓梳头宫样粧，春风一曲《杜韦娘》，司空见惯浑闲事，断尽江南刺史肠。"

（三）作品中名句的缩写

这一类成语都是作品中名句的摘引或改写。《论语·述而》中有"举一隅，不以三隅反，则不复也"的话，成语"举一反三"便是它的缩写；
《汉书·杨恽传》中有"古与今，如一丘之貉"的
话，成语"一丘之貉"便是它的摘引。

作品中的句子是多种多样的，不一定都具有
成语结构上的特点，这样，一部分作品中的名句在
变为成语的同时，也就改变了原来的形式，使之在
结构上符合成语的特点要求。原句形式不同，改造
的方法也稍有出入，大体上可分为下列两种改造
方法。

第一种改造方法是紧缩原句。

吹毛求疵——原句是"不吹毛而求小疵，不洗
垢而察难知"，见《韩非子·大体》。

后来居上——原句是"陛下用群臣如积薪耳，
后来者居上"，见《史记·汲黯传》。

一刻千金——原句是"春宵一刻值千金"，见
苏轼《春夜》诗。

驾轻就熟——原句是"若驷马驾轻车，就熟
路，而王良、造父为之先后也"，见唐·韩愈《送
石处士序》。

出类拔萃——原句是"出于其类，拔乎其萃，
自生民以来，未有盛于孔子也"，见《孟子·公孙

丑上》。

有条不紊——原句是"若网在纲,有条而不紊",见《尚书·盘庚上》。

有名无实——原句是"吾有卿之名,而无其实",见《国语·晋语八》。

循循善诱——原句是"夫子循循然善诱人",见《论语·子罕》。

养尊处优——原句是"天子者养尊而处优",见宋·苏洵《上韩枢密书》。

第二种改造方法是合并或增加原句成分。

充耳不闻——原句是"叔兮伯兮,褎如充耳",见《诗经·邶风·旄丘》,后加"不闻"。

参差不齐——原句是"参差荇菜",指荇菜不齐,见《诗经·周南·关雎》;《楚辞·九歌·湘君》中有"吹参差兮谁思"一句,其中"参差"是不齐意的引申,指洞箫。后加"不齐"。

回心转意——原句是"夫移风易俗,使天下回心而向道,类非俗吏之所能为也",见《汉书·贾谊传》。后加"转意"。

凤毛麟角——"凤毛"原句见于《南史·谢超宗传》:"王母殷淑仪卒,超宗作诔奏之,帝大嗟赏，谓谢庄曰：'超宗殊有凤毛，灵运复出。'"《世说新语·容止》中也提到"凤毛"一词："王敬伦风姿似父。作侍中，加授桓公公服，从大门入。桓公望之曰：'大奴固自有凤毛。'""麟角"一词见于《太平御览》卷六〇七引蒋济《万机论》："学如牛毛，成如麟角。"今合"凤毛""麟角"为一。

改造过的成语只是一部分，大部分都是原句的摘引。

一刀两断——"观此可见克己者是从根源上一刀两断，便斩绝了。更不复萌。"句见《朱子语类》卷四四。

一日千里——"同郡郭林宗尝见允而奇之，曰：'王生一日千里，王佐才也。'"见《后汉书·王允传》。

一鼓作气——"夫战，勇气也。一鼓作气，再而衰，三而竭。"见《左传·庄公十年》。

一知半解——"有透彻之悟，有但得一知半解之悟。"见宋·严羽《沧浪诗话·诗辨》

以逸待劳——"以近待远，以逸待劳。"见《孙子·军争》。

分庭抗礼——"万乘之主，千乘之君，见夫子未尝不分庭抗礼。"见《庄子·渔父》。

奴颜婢膝——"奴颜婢膝真乞丐，反以正直为狂痴。"见唐·陆龟蒙《江湖散人歌》。

实事求是——"河间献王德以孝景前二年立，修学好古，实事求是。"见《汉书·河间献王德传》。

摧枯拉朽——"将军之举武昌，若摧枯拉朽，何所顾虑乎？"见《晋书·甘卓传》。

痛心疾首——"斯是用痛心疾首，暱就寡人。"见《左传·成公十三年》。

困兽犹斗——"困兽犹斗，况国相乎？"见《左传·宣公十二年》。

外强中干——"张脉偾兴，外强中干。"见《左传·僖公十五年》。

短小精悍——"解为人，短小精悍。"见《史记·郭解传》。

门庭若市——"群臣进谏，门庭若市。"见《战国策·齐策一》。

寻章摘句——"博览书传历史，藉采奇异，不效书生寻章摘句而已。"见《三国志·吴书·吴主传》裴松之注引《吴书》。

（四）谚语

　　谚语是人民口头习用的通俗而形象化的语言。它的作用和成语是一样的。但是从语言结构上看，它不像成语那样严整和规范；它大多是一般的语言。《太平御览》中说"俗言曰谚"；《孟子·梁惠王下》也记有"夏谚曰，吾王不游，吾何以休，吾王不豫，吾何以助，一游一豫，为诸侯度"的话，按朱熹的解释："夏谚，夏时之俗语也。"俗语就是谚语。谚语中一部分具有成语特点的，变成了成语的一部分，而大部分谚语并没有变为成语。《孟子·万章上》中还有这样一段话："语云，盛德之士，君不得而臣，父不得而子。"按朱注"语云"就是"谚云"，可见"盛德之士，君不得而臣，父不得而子"是当时的谚语，但却没有成为成语。

　　一部分具备了成语结构特点的谚语，长期为人民习用，定型定义便成为成语，正因为这样，我们才能区别什么是成语，什么是谚语，我们说"鹤立鸡群"是成语，而"老鸹窝里出凤凰"是谚语，也正是因为这个道理。

　　源于谚语的成语数量相当多，时间早晚也不尽相同。有些成语来源于谚语有明显的记载。

亡羊补牢——"臣闻鄙语曰:'见兔而顾犬,未为晚也;亡羊而补牢,未为迟也。'"见《战国策·楚策四》。

尺有所短,寸有所长——"鄙语云:'尺有所短,寸有所长。'"见《史记·白起王翦列传》。《楚辞·卜居》虽有"尺有所短,寸有所长",但未有"鄙语"二字。

利令智昏——"鄙语曰:'利令智昏。'"见《史记·平原君传赞》。

投鼠忌器——"里谚曰:'欲投鼠而忌器。'此善谕也。"见《汉书·贾谊传》。

前车之鉴——"鄙谚曰:'前车覆,后车诫。'"见《汉书·贾谊传》。

其中"鄙语""里谚""鄙谚"都清楚地说明其谚语的性质。有的更直接指明是谚语:

七零八落——"曰:'天堂地狱,相去多少?'师曰:'七零八落。'"见《五灯会元·天衣怀禅师法嗣》。《直语补证》引万光泰《鸳央湖采菱曲》注:"引谚'七菱八落',言菱过七日则落,万必有所本。"这是认为"七零八落"源于谚语"七菱八落"。

除了这些成语外,大多数来源于谚语的成语都没有明显标志。它们大量的出现是近代的事,在作品中出现以元曲中为多,这可能是因为它在过去是"不登大雅之堂"的缘故吧,但这也正说明这一类成语的性质。

倚老卖老	偷天换日
坐吃山空	好大喜功
哑口无言	好事多磨
悬崖勒马	孤掌难鸣
兴风作浪	东奔西走
啼笑皆非	虎头蛇尾
装模作样	沽名钓誉

上面只是一部分,为了节省篇幅,不一一列举了。

(五)外族成语的借用

民族间词语的相互借用,是语言中的一种普遍现象。

民族在自己的发展过程中,必然会同外族发生接触——这种接触是必要的,这种接触很快就发展为经济、文化及思想方面的交流,语言中的借用现象，便是这种交流的产物。

世界上许多语言都拥有一定数量的借词，其中也包括成语。汉语在自己的发展中就吸收了大量的外来词和语，从而使自己变得更丰富多彩，毛泽东在《反对党八股》中指出："要从外国语言中吸收我们所需要的成份。""要吸收他们的新鲜用语。"汉语有一部分成语便是从外国语言中吸收来的"新鲜用语"，这就构成了汉语成语的一个特殊来源。

下列成语都是从外语中吸收来的：

现身说法——"我于彼前，皆现其身，而为说法，令其成就。"见《楞严经》卷六。

五体投地——"阿难闻已，重复悲泪，五体投地，长跪合掌。"见《楞严经》卷一。

种瓜得瓜——"种瓜得瓜，种李得李。"见翟灏《通俗编·草木》引《涅槃经》。今多作"种瓜得瓜，种豆得豆"。

火中取栗——《猴子和猫》上写了一段故事，大意是：有一只狡猾的狐狸，见到在火中有许多栗子，很想吃，但又怕火烧了自己的爪子，不敢去抓。狐狸想了一个办法，让猴子去火中取栗，并答应取出栗子后分吃。猴子信了狐狸的话，把栗子从火中取出，但结果栗子全被狐狸吞吃了，猴子因取栗子白白烧掉了爪子的毛。

骑驴觅驴——"不解即心即佛，真似骑驴觅驴。"见《景德传灯录·志公和尚大乘赞》。

大千世界——"遍观三千大千世界，觅普贤不可得见，而来白佛，佛曰：'汝但于静三昧中起一念，便见普贤。'"见《五灯会元·释迦牟尼佛》，《金刚经·无为福胜分》作"以七宝满尔所恒河沙数，三千大千世界，以用布施"。

四　成语的变化

　　成语是相当长时间形成的定型语句，比起一般词汇，无论是在意义上或是结构形式上它都具有极大的稳固性，这是成语的一个突出特点，但这并不能说明成语是一成不变的、死板的东西，相反的它是不断发展、不断变化的。《马克思主义与语言学问题》一书中谈到十月革命后俄罗斯语言的情况时曾经说："由于发生了新的社会主义生产，由于出现了一种新的国家、新的社会主义文化、新的社会观点、新的道德，以及由于技术和科学的发展，增加了一大批新的词和语；许多词语获得了新的意思；若干陈旧的词从词汇中消失了，……"语言的词汇是这样，作为语言词汇的有机组成部分之一的成语也是这样。成语是不断发展和变化的，虽然这种变化不如一般词汇那样鲜明，在时间上比一般词汇变化得慢一些，但这也只是说明它比一般词汇的稳固性大一些，并不能说明它是永恒的。成语作为整体来看，它是不断发展，不断变化的。

　　成语的变化主要表现在成语数量上的增加、部分成语的消亡、内容和形式的变更上。

　　社会不断地发展、进步，人的认识也不断的加深，反映这种新的认识的词汇也必然不断的丰富和增多。其中有一部分就是用成语这种语言形式来表达的，因为这种形式结构紧凑、意义简明适合表达某些认识。单就近代产生的成语来看，数量就不算小，像"欢天喜地""天南海北""狼心狗肺""东拼西凑""南腔北调""嬉皮笑脸""毛手毛脚""乱七八糟""天昏地暗"等都是，举不胜举。至于产生较早的成语当然也不是一下子出现的，而是经过不同时代积累而成的，"一丘之貉""前倨后恭""刚愎自用""南辕北辙""尾大不掉""见异思迁"等成语是汉代以前就见于记载的；"一落千丈""一发千钧""兼收并蓄""问道于盲""口蜜腹剑"是唐代就见于记载的；"疑神疑鬼""花言巧语"是宋代以后见于记载的，这都说明成语是逐渐积累起来的。

　　同样，社会不断发展，人的认识不断加深、改变，也必然会扬弃一些成语中的糟粕。"人穷志短""九儒十丐""优胜劣败"一类成语曾经反映了一定阶级的认识，但是，在今天它们不能正确反映人民的认识，它们只好随着旧的观念一起消失，成为历史上的词汇，或在特定语境下使用，是受到一定的制约的。成语数量上的增加或减少是成语的一个变化，其中减少的比增加的要少得多，这和一般词汇数量的增减，总趋势一致。

数量上的增多或减少只是成语演变的一个方面，另一方面，成语本身在意义和形式上的变化也是成语变化的重要标志。

成语在意义上的变化并不是全部成语都这样，意义变化的只是一部分。一部分成语经过若干年代，在意义上起了变化，或多或少改变了本来的意义。"闭门造车"这个成语，现在是用来说明脱离实际、靠主观办事，但它本义却正好和今义相反。《中庸·或问》中说："古语所谓'闭门造车，出门合辙'，盖言其法之同也。"这就证明我们现在使用的"闭门造车"是变义，而不是本义。再如"骑驴觅驴"，本义是骑在驴背上找驴，比喻东西就在身边而不自知，还到处去找，和民间流传的"母猪过河"故事大体相似（故事大意是一母猪带领九个小猪过河，连同自己一共十个，过河后数小猪是九个，以为少了一个猪，实际上是忘了数自己）。现在有人用"骑驴觅驴"或"骑驴找驴"来比喻先占住一个位置，以防落空，然后再找更好的。

　　成语意义的褒贬的变化也是一个重要方面。有许多成语是带有褒义或是带有贬义的，带褒义的只能用于肯定方面，带贬义的只能用于否定方面，不能混用。"出类拔萃"是具有褒义的成语，因此用在否定方面就不合适，我们不能说"这个人坏得出类拔萃"，同样"前仆后继""赴汤蹈火""再接再厉""一日千里"等带有褒义的成语也不能用在否定方面。"阳奉阴违""信口开河""明目张胆""好高骛远""狼狈为奸"之类成语是带有贬义的，同样，它们就不适于用来形容肯定的人或事物。应当注意的是，带褒义贬义的成语有些并不是一开始就是现在这个样子，其中是有变化的。"明目张胆"原没有什么贬义，《晋书·王敦传》："今日之事，明目张胆为六军之首，宁忠臣而死，不无赖而生矣。"不难看出，这句话中的"明目张胆"没有贬义，具有贬义是后来的事。"旁（或傍）若无人"在《史记·刺客列传》中的用法是"高渐离击筑，荆轲和而歌于市中，相乐也，已而相泣，旁若无人者"，也看不出有贬义，贬义"高傲"是后来衍化出来的。"一意孤行"在《史记·酷吏列传》中的用法是"禹为人廉倨，为吏以来，舍母食客。公卿相造请禹，禹终不报谢，务在绝知友宾客之请，孤立行一意而已"，贬义也是后来才有的。

有些成语，在长期的使用当中意义有了转移，原来是指某一件事，后来转指另外一件事。"勾心斗角"原来是形容宫殿建筑相差错（唐·杜牧《阿房宫赋》："各抱地势，钩心斗角。"），本没有什么褒贬，等到后来转移到专指人们之间的互相使用心计就产生了贬义。又如"走马看花"原形容得意喜悦的心情。唐朝诗人孟郊屡次应试都没考取，一直到46岁才考中。他写的《登第》诗抒发了得意的心情。诗中有"春风得意马蹄疾，一日看尽长安花"之句。后来多用"走马看花"表示愉悦心境。宋·杨万里《和同年李子西通判》有"走马看花拂绿杨，曲江同赏牡丹香"之句。后转指粗略地观察，不够细致。老舍《新疆半月记》："可是，除了乌鲁木齐，我只抓紧了时间，走马观花地看了看石河子军垦区，别的什么也没能去看。"

成语的结构形式变化是比较复杂的，概括地分一下，有两种结构形式变化：一是结构次序的变化，一是结构成分的变化。

结构次序的变化多是两种结构并用。"每况愈下"原结构是"每下愈况"，《庄子·知北游》："夫子之问也，固不及质，正获之问于监市履狶也，每下愈况。"原指猪脚是难肥之处，用脚踏猪估量其肥瘦，越往下状况越明显。现在有人用"每况愈下"，也有人用"每下愈况"，在意义上没有什么出入。

比较多的结构次序变化是，分成前后两截的成语前一部分和后一部分次序的调换：

同归殊途——殊途同归

力尽筋疲——筋疲力尽

同工异曲——异曲同工

冰消瓦解——瓦解冰消

万水千山——千山万水

匹马单枪——单枪匹马

部分是前一部分或后一部分内部调换：

深根固蒂——根深蒂固

也有两种变化兼而有之的：

天翻地覆——覆地翻天

张弩拔剑——剑拔弩张

总之，结构次序的变化虽然复杂，但意义没变，至于使用哪一种结构那就看个人的习惯和语言环境的要求了。不过除了特殊的语言环境要求（如叶韵等）外，大多是使用"根深蒂固""单枪匹马""千山万水""异曲同工""筋疲力尽""殊途同归"等习惯用法的。

结构成分的变化实际上是成分的换用。比如"斩草除根"这一成语，原作"剪草除根"（北齐·魏收《为侯景叛移梁朝文》："抽薪止沸，剪草除根。"）。又如"造谣生事"，原作"造言生事"（《孟子·万章上》载："好事者为之也。"宋·朱熹集注："好事，谓喜造言生事之人也。"），下面一些都是：

骨瘦如柴——原作骨瘦如豺。宋·陆佃《埤雅·释兽》："瘦如豺。豺，柴也。豺体细瘦，故谓之豺。"

一丝不挂——原作寸丝不挂。《景德传灯录·池州南泉禅师》："南泉和尚问陈亘曰：'大夫十二时中作么生？'陆云：'寸丝不挂。'"

脱胎换骨——原作夺胎换骨。宋·释惠洪《冷斋夜话·换骨夺胎法》："然不易其意而造其语，谓之换骨法；窥入其意而形容之，谓之夺胎法。"

捕风捉影——原作系风捕景。《汉书·郊祀志》："听其言，洋洋满耳，若将可遇；求之，荡荡如系风捕景。"

分道扬镳——原作分路扬镳。《魏书·河间公齐传》："洛阳我之丰沛，自应分路扬镳。"

万事大吉——原作百事大吉。宋·周密《癸辛杂识续集·桃符获罪》："宜入新年怎生呵，百事大吉那般者。"

四通八达——原作四通五达。《史记·郦生陆贾列传》："夫陈留天下之冲，四通五达之郊也。"被换用的成分有许多都是与原成分"音近""义近"的。"骨瘦如豺"中的"豺"所以换成"柴"，是因为"柴"与"豺"音同、义近，"豺"身瘦，"柴"也是身瘦，但"豺"这种动物远不如"柴"为大家所熟悉，以"柴"代替"豺"便是很自然的事了，这是"以明代晦"的办法。其他如"寸丝不挂"，"寸"换成"一"；"夺胎换骨"，"夺"换成"脱"；"百事大吉"，"百"换成"万"，也都是如此。有些成语被换用的成分虽然与原成分差别很大，但仔细分析起来却仍是同原义一样并无实质差别，比如"四通八达"原作"四通五达"，"万事大吉"原作

"百事大吉"。"五"与"八","百"与"万"相差很大，但成语"四通八达"与"四通五达"，"万事大吉"与"百事大吉"的整体意义是一样的，没有实质性差别；"四通八达"不比"四通五达"更方便些，"万事大吉"也不比"百事大吉"更吉利些。当然，有些数字意义实在些，即实指，如"百事大吉"，据明·田汝成《西湖游览志余·熙朝乐事》说："杭俗，元旦签柏枝柿饼，以大橘承之，谓之百事大吉。"

应该提到，有些成语的变化（内容上或形式上的）是由于讹传造成的。以讹传讹，在一般词汇中有，在成语中也有，并且不是个别的。成语"目不识丁""莫明其妙""自顾不暇"就是这一类的实例。据说，"目不识丁"原是"目不识一个字"之讹。"个"字与"丁"字篆文写法相似，因而产生讹误。《旧唐书·张弘靖传》载："（弘靖）谓军士曰：'今天下无事，汝辈挽得两石力弓，不如识一丁字。'"宋代的孔平仲和洪迈都认为"一丁字"就是"一个字"之误。同样，"莫明其妙"本作"莫名其妙"，"自顾不暇"本作"自固不暇"，都是讹误造成的。

综上所述，成语演变是多方面的。这种多方

面的演变有一个总的趋向：日趋丰富、日趋简明。新增加的成语绝大多数是简明的，像"一清二白""欺软怕硬""东拼西凑""眼高手低""欢天喜地"都是简明易懂的。就是较古的一些成语也都起了变化："走马观花"中的"走"用的是古义，等于"跑"，和"竞走"中的"走"是一个意义，但是很多人对于"走马观花"中的"走"的意义不甚了解了，有些人干脆改成"跑"，于是"跑马观花"的说法通行了；"山珍海错"改成"山珍海味"，"杜渐防萌"改成"杜渐防微"，"根深柢固"改成"根深蒂固"也都是这样一种演变趋向的表现。

这种趋向是自然的，不是人力所能阻挡的。没改的成语我们不能强改、硬改，一改，若没有群众基础仍不能通行；群众已经改了的应该考虑其通行的范围，如果是大多数人都这样用了，如"揠苗助长"变为"拔苗助长"之类，不承认也是"难矣哉"，于语言现实无补，应该看到这种发展趋势具有很大的潜力，它随着汉语的发展而不断地扩大。

五　成语的功用

成语的作用主要有两个方面，一方面是语法上的作用，一方面是修辞上的作用；前者主要是语言结构方面，后者更多在语言意义方面。我们先看一看成语在语法方面的作用。

成语本身的"语法"结构很复杂，有的是一个句子，像"塞翁失马"，有的是一个较复杂的词组，像"前车之鉴""草菅人命"，有的是两个句子，像"唇亡齿寒""瓦解冰消"，有的是两个并列的词组，像"百孔千疮""惊天动地"，这在前面已经讲过了。但是，成语在句子中的实际作用并不是按其本身结构来分的，成语本身的结构再复杂，它也只等于一个词的作用，下列句中的成语都是充当该句中的谓语的。

（1）我们可以大声疾呼，而不要隐晦曲折，使人民大众不易看懂。——《毛泽东选集·在延安文艺座谈会上的讲话》

（2）外来干部和本地干部各有长处，也各有短处，必须互相取长补短，才能有进步。——《毛泽东选集·整顿党的作风》

（3）假使简单地把"蒲力汉诺夫曰"等等和"诗云子曰"等量齐观起来，那就一定必然的要引起误会。——鲁迅《伪自由书》

（4）"予生也晚"，赶不上周朝，未为大夫，也没有做士，本可以放笔直干的，然而终于改头换面……——鲁迅《坟·论"他妈的！"》

（5）阿Q这时很吃惊，几乎"魂飞魄散"了。——鲁迅《呐喊·阿Q正传》

（6）只有那些主观地、片面地和表面地看问题的人，跑到一个地方，不问环境的情况，不看事情的全体（事情的历史和全部现状），也不触到事情的本质（事情的性质及此一事情和其他事情的内部联系），就自以为是地发号施令起来，这样的人是没有不跌交子的。——《毛泽东选集·实践论》

（7）这种解释的作用，在于制造自己威权的宗教上、哲学上、科学上、世界潮流上的根

据，使得奴隶和牛马恍然大悟这世界的公律，而抛弃一切翻案的梦想。——鲁迅《准风月谈·同意和解释》

（8）他莫名其妙孔圣人到底是怎样的人物，不过据说是认识许多字，还挺讲理。——《老舍选集·骆驼祥子》

（9）我们所写的东西，应该是使他们团结，使他们进步，使他们同心同德，向前奋斗，去掉落后的东西，发扬革命的东西，而决不是相反。——《毛泽东选集·在延安文艺座谈会上的讲话》

从例句中我们可以看出，由成语充当的谓语和其他动词所充当的谓语几乎没有什么区别，作为谓语的性能来看，动词所能做到的，成语也大部分能做到。动词可以和能愿动词结合，成语也可以和能愿动词结合，像例（1）中的"可以大声疾呼"和例（2）中的"必须……取长补短"；动词可以和趋向动词结合，成语也可以和趋向动词结合，像例（3）中的"等量齐观起来"，例（6）中的"发号施令起来"；动词可以受副词修饰，成语也可以受副词的修饰，像例（2）中的"互相取长补短"，例（4）中的"终于改头换面"，例（5）中的"几乎魂飞魄散"，例（6）中的"就自以为是地发号施令"；此外它可以和动词一样带宾语，像例（7）中的"恍然大悟这世界的公律"，例（8）中的"莫名其妙孔圣人到底是怎样的人物"；还可以充当兼语式的谓语，像例（9）中的"使他们同心同德"。因此我们说成语在句子中的作用等于一个词是毫不过分的。

成语在句子中所起的作用和名词、代词、形容词、副词、动词所起的作用差不多，甚至它比这五类词中任何一类所起的作用都要大一些。它既可以充当句中的主要成分，又可以充当次要成分。

（1）"八公山上，草木皆兵"是错觉之一例。"声东击西"，是造成敌人错觉之一法。——《毛泽东选集·论持久战》

（2）他越觉出自己的眼力准确，越觉出别人的幼稚；按兵不动是冤枉的事。——老舍《蛤藻集·且说屋里》

例（1）中"草木皆兵"是第一分句的主语，"是错觉之一例"是该句的谓语部分;"声东击西"是第二分句的主语,"是造成敌人错觉之一法"是该句的谓语部分。例(2)中"按兵不动"是第二分句的主语,"是冤枉的事"是该句的谓语部分。

(1)灾难深重的中华民族,一百年来,其优秀人物奋斗牺牲,前仆后继,摸索救国救民的真理,是可歌可泣的。——《毛泽东选集·改造我们的学习》

(2)他可是卖了力气,虽然明知道跑不过后面的三个小伙子,可是不肯倚老卖老。——《老舍选集·骆驼祥子》

例(1)中成语"可歌可泣"与"是"合起来构成该句的合成谓语,"其优秀人物奋斗牺牲,前仆后继,摸索救国救民的真理"是该句的主语部分。例(1)中成语"前仆后继"是该句主语部分中的谓语,成语"前仆后继"和"奋斗牺牲"、"摸索救国救民的真理"同做"其优秀人物"的谓语。例(2)中成语"倚老卖老"是该句的第三谓语,主语是"他"。

（1）我初到长沙时，会到各方面的人，听到许多的街谈巷议。——《毛泽东选集·湖南农民运动考察报告》

（2）中国古代有个寓言，叫做"愚公移山"。——《毛泽东选集·愚公移山》

例（1）中主语部分是"我"，谓语部分是"会到"和"听到"，成语"街谈巷议"是第二个谓语"听到"的宾语。例（2）中成语"愚公移山"是谓语"叫做"的宾语（也有人管它叫表语）。

（1）对以前的错误一定要揭发，不讲情面，要以科学的态度来分析批判过去的坏东西，以便使后来的工作慎重些，做得好些。这就是"惩前毖后"的意思。——《毛泽东选集·整顿党的作风》

（2）就是这样，背信弃义地向着中国共产党和中国人民来一个突然的袭击；生气蓬勃的中国大革命就被葬送了。——《毛泽东选集·论联合政府》

（3）或作讲演，则甲乙丙丁、一二三四的

一大串；或作文章，则夸夸其谈的一大篇。无实事求是之意，有哗众取宠之心……——《毛泽东选集·改造我们的学习》

（4）站在他们的前头领导他们呢？还是站在他们的后头指手画脚地批评他们呢？——《毛泽东选集·湖南农民运动考察报告》

（5）……有些中国资产阶级代言人不敢正面地提出发展资本主义的主张，而要转弯抹角地来说这个问题。——《毛泽东选集·论联合政府》

例（1）中成语"惩前毖后"是该句宾语"意思"的定语。例（2）中成语"生气蓬勃"是该句第二小分句的主语"中国大革命"的定语。例（3）中成语"实事求是""哗众取宠"分别为宾语"意""心"的定语。例（2）中成语"背信弃义"为第一分句中谓语"来"的状语。例（4）中成语"指手画脚"是该句第二分句谓语"批评"的状语。例（5）中"转弯抹角"是该句第二谓语"说"的状语。

（1）嘴里天天说"唤起民众"，民众起来了又害怕得要死，这和叶公好龙有什么两样！——《毛泽东选集·湖南农民运动考察报告》

（2）农民的主要攻击目标是土豪劣绅，……其结果，把几千年封建地主的特权，打得个落花流水。——《毛泽东选集·湖南农民运动考察报告》

例（1）中最后一小句中的成语"叶公好龙"是和介词"和"构成介词结构做状语的，它本身是介词结构中的宾语。例（2）中"得个落花流水"是介词结构，做该句的后置状语（也有叫补语的），成语"落花流水"是这个结构中的宾语。

（1）以"惩前毖后，治病救人"为宗旨的整风运动之所以发生了很大的效力，就是因为我们在这个运动中展开了正确的而不是歪曲的、认真的而不是敷衍的批评和自我批评。——《毛泽东选集·论联合政府》

（2）自己素来不大爱说话，可是今天

似乎有千言万语在心中憋闷着，非说说不痛快。——《老舍选集·骆驼祥子》

例（1）中的成语"惩前毖后，治病救人"是"整风运动"的定语的一部分，这个定语是由一个兼语式构成的，"以……为……"是兼语式的两个谓语部分，"惩前毖后，治病救人"是兼语，也就是"以"的宾语，"为"的主语。例（2）中成语"千言万语"也是兼语，"千言万语"是"有"的宾语，又是"憋闷着"的主语。

（1）我们常常说"新陈代谢"这句话。新陈代谢是宇宙间普遍的永远不可抵抗的规律。——《毛泽东选集·矛盾论》

（2）"对牛弹琴"这句话，含有讥笑对象的意思。——《毛泽东选集·反对党八股》

例（1）中的第一个成语"新陈代谢"和例（2）中的"对牛弹琴"都是和"这句话"构成复指关系的。

（1）半自耕农，其生活苦于自耕农……春夏之间，青黄不接，高利向别人借债，重价向别人籴粮，较之自耕农的无求于人，自然景遇要苦，但是优于贫农。——《毛泽东选集·中国社会各阶级的分析》

（2）把总近来很不将举人老爷放在眼里了，拍案打凳的说道，"惩一儆百！你看，我做革命党还不上二十天，抢案就是十几件，全不破案，我的面子在那里？……"——鲁迅《呐喊·阿Q正传》

例（1）中的成语"青黄不接"，例（2）中的成语"惩一儆百"，在各句中都是独立成句的。例（2）中的成语"惩一儆百"是单独感叹句，例（1）中的成语"青黄不接"本身结构就是一个句子，"青黄"是主语部分，"不接"是谓语部分，另一方面作为一个整体来看也是一个独立的句子，前面的"春夏之间"是它的时间状语。

有许多成语常常连起来使用，其中有的是原成语就相连的，像前面提到的"八公山上，草木皆兵"；有的是两个以上的成语临时联合起来使用的。

属于前一种的：

（1）一切共产党员，一切革命家，一切革命的文艺工作者，都应该学鲁迅的榜样，做无产阶级和人民大众的"牛"，鞠躬尽瘁，死而后已。——《毛泽东选集·在延安文艺座谈会上的讲话》

（2）中国古代大军事学家孙武子书上"知彼知己，百战不殆"这句话，是包括学习和使用两个阶段而说的，包括从认识客观实际中的发展规律，并按照这些规律去决定自己行动克服当前敌人而说的；我们不要看轻这句话。——《毛泽东选集·中国革命战争的战略问题》

例（1）中的"鞠躬尽瘁，死而后已"原是诸葛亮《出师表》里的话，例（2）中"知彼知己，百战不殆"原是《孙子》中的话，这里引用的全是原句连用的。属于第二种的：

（1）德军猛攻不克，整个德奥土保阵线再

也找不到出路，从此日益困难，众叛亲离，土
崩瓦解，走到了最后的崩溃。——《毛泽东选
集·第二次世界大战的转折点》

（2）反动派挑拨离间，卑鄙无耻！——
《闻一多全集·最后一次的讲演》

例（1）中的成语"众叛亲离"和"土崩瓦解"，例
（2）中的成语"挑拨离间"和"卑鄙无耻"都是临
时组合在一起的成语，这些成语在意义上有相近的
地方，把它们连在一起使用，就会加强表现力量，
使其意义突出。也有一些成语是大联合使用的，在
意义上前后衔接：

对于我们，经常地检讨工作，在检讨中
推广民主作风，不惧怕批评和自我批评，实
行"知无不言，言无不尽"，"言者无罪，闻者
足戒"，"有则改之，无则加勉"这些中国人民
的有益的格言，正是抵抗各种政治灰尘和政治
微生物侵蚀我们同志的思想和我们党的肌体的
唯一有效的方法。——《毛泽东选集·论联合
政府》

"知无不言，言无不尽""言者无罪，闻者足戒""有则改之，无则加勉"是三组在意义上相连的成语，文章在这里连用在一起，妥切说明了对待批评和自我批评的态度。

通过上面的例句我们可以清楚地看出成语在句中的语法作用，它和普通词在句中的语法作用是没有什么两样的。但是如果把成语的作用仅仅看作是一个词的作用，那就错了；把成语的作用降低为一个词的作用，实际上就等于取消成语的作用。

成语的主要作用在于它能够积极地帮助修辞，给语言以新的力量，使语言能够以简练的词句，生动、形象地表达极其丰富的内容。

> 我们知识分子出身的文艺工作者，要使自己的作品为群众所欢迎，就得把自己的思想感情来一个变化，来一番改造。没有这个变化，没有这个改造，什么事情都是做不好的，都是格格不入的。——《毛泽东选集·在延安文艺座谈会上的讲话》

文艺为工农兵服务不应是一句空话，没有相应的思想和感情，极难真正做到"服务"，服务者与服务对象思想感情不同，缺乏共同基础，无法相容。这里仅仅用一个"格格不入"就深刻地说明了非无产阶级思想感情与为工农兵服务两者不相容的关系。

> 共产党领导的武力和民众已成了抗日战争中的中流砥柱。——《毛泽东选集·揭破远东慕尼黑的阴谋》

把共产党和共产党所领导的武装力量和人民比作像黄河激流中的砥（底）柱山那样独立不挠是非常恰当的，它生动地说明了共产党和党所领导的武装力量和人民是抗日战争的基本力量。

> 对于他们，第一步需要还不是"锦上添花"，而是"雪中送炭"。——《毛泽东选集·在延安文艺座谈会上的讲话》

毛泽东在《在延安文艺座谈会上的讲话》中曾经用成语"锦上添花"和"雪中送炭"来说明文艺工作中的普及与提高的问题。当时的人民是怎样的呢？

广大的工农兵群众由于长时期处于被统治被压迫的地位，不识字，无文化，迫切地要求一个普遍的启蒙运动，迫切地要求得到他们所急需的和容易接受的文化知识和文艺作品，加之当时又是同敌人作残酷的流血斗争，普及的任务就更为迫切，把普及比作"雪中送炭"，而把提高比作"锦上添花"是再妥帖不过了。

革命的文艺，则是人民生活在革命作家头脑中的反映的产物。人民生活中本来存在着文学艺术原料的矿藏，这是自然形态的东西，是粗糙的东西，但也是最生动、最丰富、最基本的东西；在这点上说，它们使一切文学艺术相形见绌，它们是一切文学艺术的取之不尽、用之不竭的唯一的源泉。——《毛泽东选集·在延安文艺座谈会上的讲话》

用成语"相形见绌"来对比说明文艺作品对于人民生活的关系是非常妥切的，从而使我们更清楚地认识人民群众的生活是创作的源泉。

柳宗元曾经描写过的"黔驴之技"，也是一个很好的教训。一个庞然大物的驴子跑进贵州去了，贵州的小老虎见了很有些害怕。但到后来，大驴子还是被小老虎吃掉了。我们八路军新四军是孙行者和小老虎，是很有办法对付这个日本妖精或日本驴子的。目前我们须得变一变，把我们的身体变得小些，但是变得更加扎实些，我们就会变成无敌的了。——《毛泽东选集·一个极其重要的政策》

成语"黔驴之技"是柳宗元《三戒》中的一段，《黔之驴》载："黔无驴，有好事者船载以入。至，则无可用，放之山下。虎见之，庞然大物也，以为神，蔽林间窥之。稍出近之，慭慭然，莫相知。他日，驴一鸣，虎大骇，远遁；以为且噬己也，甚恐。然往来视之，觉无异能者；益习其声，又近出前后，终不敢搏。稍近，益狎，荡倚冲冒。驴不胜怒，蹄之。虎因喜，计之曰：'技止此耳！'因跳踉大㘎，断其喉，尽其肉，乃去。"

一九四二年九月发表的《一个极其重要的政策》（见《毛泽东选集》）强调，在当时极其困难的条件下必须实行"精兵简政"，只有实行"精兵简政"才能克服物资困难，战胜敌人。用《黔之驴》中的驴比喻机构庞大的日寇，而把我们实行"精兵简政"后的军队比作小老虎，虽然小，但是结实，最后战胜庞然大物的日寇。

假如你们也没有什么对付日本人的"蒙汗药"、"定身法"，又没有和日本人订立默契，那就让我们正式告诉你们吧：你们不应该打边区，你们不可以打边区。"鹬蚌相持，渔人得利"，"螳螂捕蝉，黄雀在后"，这两个故事，是有道理的。——《毛泽东选集·质问国民党》

这是一九四三年七月十二日延安《解放日报》的一篇社论《质问国民党》中的一段话。这里揭露并斥责了国民党当局对日寇的退让和对解放区的进攻。用"鹬蚌相持，渔人得利"和"螳螂捕蝉，黄雀在后"喻以民族大义，正告他们要团结抗日。"鹬蚌相持，渔人得利"是《战国策·燕策二》里的一段话："赵且伐燕。苏代为燕谓惠王曰：'今者臣来，过易水。蚌方出曝而鹬啄其肉，蚌合而箝其喙。鹬曰：
"今日不雨，明日不雨，即有死蚌。"蚌亦谓鹬曰：
"今日不出，明日不出，即有死鹬。"两者不肯相舍，
渔者得而并擒之。今赵且伐燕，燕赵久相攻，以弊
大众，臣恐强秦之为渔父也。'""螳螂捕蝉，黄雀
在后"是《庄子·山木》中的一段："庄周游乎雕陵
之樊，睹一异鹊……蹇裳躩步，执弹而留之。睹一
蝉，方得美荫而忘其身，螳螂执翳而搏之，见得而
忘其形；异鹊从而利之，见利而忘其真。"又《吴越
春秋·夫差内传》亦载此事："夫秋蝉登高树……长
吟悲鸣，自以为安，不知螳螂超枝缘条，曳腰耸距，
而稷其形。夫螳螂翕心而进，志在有利，不知黄鹊
缘绿林，徘徊枝阴，欲啄螳螂。夫黄雀但知伺螳螂
之有味，不知臣挟弹危掷，蹭蹬飞丸而集其背。"

　　正因为这样，成语便得到了广泛的使用。成
语不但在作品中使用，在人民的口语中使用，而且
常常用作各类报刊的标题，报道文章中的主要内
容，言简意赅，非常醒目。鲁迅先生的杂文题目有
很多都带有成语。《热风》中的《事实胜于雄辩》
《即小见大》，《华盖集》中的《咬文嚼字》，《二心
集》中的《风马牛》，《南腔北调集》中的《"非所

计也"》,《伪自由书》中的《"有名无实"的反驳》
《不求甚解》,《花边文学》中的《推己及人》《安
贫乐道法》《"大雪纷飞"》,《且介亭杂文》中的
《"以眼还眼"》,《且介亭杂文二集》中的《"文人
相轻"》《论"人言可畏"》等用例极多。

其次,章回小说中的回目为了醒目和概括提示
这一章节的内容,也往往使用成语。《红楼梦》第
三十九回的回目是:"村老老是信口开河,情哥哥
偏寻根究底。"题目中"信口开河"指刘老老为了
取悦于贾府老太太、夫人、小姐而大讲"故事",
"寻根究底"则写出公子哥儿听得认真入迷。合起
来概括了刘老老二进荣国府第一天的活动。再如
《红楼梦》八十九回的回目是"人亡物在公子填词,
蛇影杯弓颦卿绝粒",后一句就是指林黛玉听到宝
玉已和他人订婚的传言以后绝食的事件,用"蛇影
杯弓"是最合适的,黛玉的多心在当时虽然是有根
据的,但究竟是一种疑心病。

《红楼梦》用成语作回目的还有很多:

皇恩重元妃省父母

天伦乐宝玉呈才藻

——《红楼梦》十八回

撕扇子作千金一笑

因麒麟伏白首双星

——《红楼梦》三十一回

变生不测凤姐泼醋

喜出望外平儿理妆

——《红楼梦》四十四回

敏探春兴利除宿弊

贤宝钗小惠全大体

——《红楼梦》五十六回

杏子阴假凤泣虚凰

茜纱窗真情揆痴理

——《红楼梦》五十八回

投鼠忌器宝玉瞒赃

判冤决狱平儿行权

——《红楼梦》六十一回

弄小巧用借剑杀人

觉大限吞生金自逝

——《红楼梦》六十九回

薛文龙悔娶河东吼

贾迎春误嫁中山狼

——《红楼梦》七十九回

因讹成实元妃薨逝

以假混真宝玉疯颠

——《红楼梦》九十五回

《镜花缘》中也有同样用成语构成的回目如第二十三回的"说酸话酒保咬文，讲迂谈腐儒嚼字"，"咬文"和"嚼字"分拆入回目中，用"咬文嚼字"来概括"淑士国"之所见，从而批判了中了八股毒满嘴通文的酸儒。其他如：

服肉芝延年益寿

食朱草入圣超凡

——《镜花缘》九回

丹桂岩山鸡舞镜

碧梧岭孔雀开屏

——《镜花缘》二十回

遇难成祥马能伏虎

逢凶化吉妇可降夫

——《镜花缘》五十回

谈春秋胸罗锦绣

讲礼制口吐珠玑

——《镜花缘》五十二回

斗百草全除旧套

对群花别出新裁

———《镜花缘》七十七回

拆妙字换柱抽梁

掣牙签指鹿为马

———《镜花缘》九十一回

总起来讲，成语在语言中不但具有语法作用而且能够积极地帮助修辞，只要我们正确地对待和使用它，成语是会发挥它的更大作用的。

六　学习和使用成语

　　"语言这东西，不是随便可以学好的，非下苦功不可。"(《毛泽东选集·反对党八股》) 学习成语也是如此。

　　学习成语首先要明确地认识到为什么要学习成语，要学哪些成语？不明白这一点是不会学好的。由于成语许多都是较古的，这就容易使学习的人产生一种不正确的观念，学"古"就好，这是非常错误的。我们是要"古"为"今"服务，不是要"今"为"古"服务，学习成语是为了使它能很好地为我们服务，不是为学成语而学成语，更不是为了炫耀自己的博学而学成语，企图以死人为活人装点门面是不对的。"我们还要学习古人语言中有生命的东西。由于我们没有努力学习语言，古人语言中的许多还有生气的东西我们就没有充分地合理地利用。当然我们坚决反对去用已经死了的语汇和典故，这是确定了的，但是好的仍然有用的东西还是应该继承。"(《毛泽东选集·反对党八股》) 因此，学习成语应该注意应该学哪些成语。

根据"去粗取精"原则，首先应该慎重对待那些表现旧制度、旧观点、旧事物的成语，像"九儒十丐""三姑六婆""歃血为盟""指腹为婚""三贞九烈""三媒六证""行财纳礼"等都是旧意识的反映，它们是旧制度、旧观念的产物，也可以说是一定历史时期的产物，在今天它们已失去存在的基础，与今天的观念形态相去何止十万八千里！自然，这不等于说这类成语绝对不能使用，只是使用的范围受到了极大的限制。在历史作品中常有它的身影：

> 我一心要去延安府，投着在老种经略处勾当。那里是镇守边庭，用人之际，足可安身立命……（《水浒传》二回）
>
> 若辈一经用了手脚，随你三贞九烈，玉洁冰清，亦不能跳出圈外。（《镜花缘》十二回）
>
> 将来从一个贵人，还要戴凤冠霞帔，有太太之分哩。（《儒林外史》五十四回）
>
> 我说那三姑六婆是再要不得的！我们甄府里从来是一概不许上门的。（《红楼梦》

一百一十二回）

即使现代作品，叙述或描写旧日情景也会偶有使用：

> "割不正不食"这是他老先生的古板规矩，但"食不厌精，脍不厌细"的条令却有些稀奇。（鲁迅《南腔北调集·由中国女人的脚，推定中国人之非中庸，又由此推定孔夫子有胃病》）
>
> 现在的钟鸣鼎食之家，豪华则豪华矣，对于饮食一道，实在还是半生不熟。（茅盾《锻炼》十六）
>
> 讲新道理，我自然讲不过你。然而做女人的从来就讲三从四德。（巴金《春》五）

例中"安身立命""三贞九烈""凤冠霞帔""三姑六婆""割不正不食""钟鸣鼎食""三从四德"等成语已失去普遍性，只在特定语境下使用。

其次，那些过于"古奥"的成语也不必刻意学习。它们只是少数（也可以说是极少数）人的欣赏品，失去了广大的群众基础，大多数人都不了解这些成语的意义，现实语言中不用它们是完全可以的。用这些成语来表达认识真是"你不说我还明白，你一说我倒糊涂了"。像下面一些成语都是属于不常用的：

黔突暖席——《淮南子·修务训》

鹿死不择音（荫）——《左传·文公十七年》

鹰瞵鹗视——西晋·左思《吴都赋》

鸱目虎吻——《汉书·王莽传中》

鱼质龙文——《抱朴子·吴失》

高睨大谈——《后汉书·张衡传》

攫戾执猛——《文选·张衡〈南都赋〉》

跋胡疐尾——《诗经·豳风·狼跋》

袒裼裸裎——《孟子·公孙丑上》

明确了为什么要学成语之后，就要进一步从成语的意义、读音、字形三方面来掌握它，其中意义一项更为重要。成语中有许多古代的词和部分古汉语语法结构，不注意就容易和现代用法弄混，必须很好地注意。

走马观花

"走"是古义，古"走"等于今"跑"。

无稽之谈——"稽"是查考的意思。

惩前毖后——"毖"是小心的意思,"毖后"就是警惕将来。

完璧归赵——"璧"是玉石,这里是指"和氏璧"。

怙恶不悛——"怙"是坚持的意思,"悛"是改正(过错)的意思,"怙恶不悛"是坚持错误,不肯悔改。

囫囵吞枣——"囫囵"是整个的、不加分析的意思。

草菅人命——"菅"本是一种野草,这里的"草菅"是比方轻视,把人命看成草一样轻贱。

付诸东流——"诸"是"之""于"或"之""乎"的合音字,"付诸东流"实际上是"付之于东流"。

以蠡测海——"蠡"是瓢,比方见识浅陋。

荦荦大端——"荦荦"是鲜明的意思。

睥睨一切——"睥睨"是斜着眼睛看,表示轻视、看不起。

欲盖弥彰——"彰"是明显、显著,"欲盖弥彰"是要遮掩反而更显露的意思。

饮鸩止渴——"鸩"是鸩鸟的毛放在酒里制成的毒酒，因为鸩是毒鸟。

赴汤蹈火——"汤"是热水，《楚辞》中有"浴兰汤兮沐芳"之句，其中的"汤"就是温水、热水，"赴汤蹈火"中的"汤"不能误解为现代的菜汤。

亡羊补牢——"牢"是圈牲畜的圈，"亡"是消失、跑掉，"亡羊补牢"是说"羊跑了，再修补围圈"。

置若罔闻——"罔"是"没有""不"的意思。

莫名其妙——"名"是"无以名之"的"名"，就是"说出来"。

刚愎自用——"愎"是执拗，任性，坚持不改变，顽固不化，自以为是。

敌忾同仇——"忾"是愤怒、愤恨，"敌忾同仇"就是抵抗大家所共同愤恨的。

脍炙人口——"脍"是切细的肉，"炙"是烧烤的肉，这是人人都爱吃的东西，形容被大家所喜爱的东西，被大家所称道的东西。

班门弄斧——"班"是指鲁班，鲁班是一个巧于制造工具的人，"班门弄斧"是指不要在行家面前卖弄本领。

成语中有些字是很生僻的，不认识要查一查，不要大概以为怎样就怎样，这样是容易读错字的，例如：

良莠不齐——"莠"是杂草，与其对立的是"良"（好的），读 yǒu，不读 xiù。

参差不齐——"参差"就是不整齐的意思，读 cēncī，不读 cānchā。

病入膏肓——"肓"是"心上膈下"，古代医学指心脏和隔膜之间的地方，读 huāng，不读 máng。

草菅人命——"菅"是多年生草本植物，叶细长，这里等同于草，读 jiān，因写法与"管"近似，容易误读成 guǎn，也易误认为"管"的简化字。

揠苗助长——"揠"就是拔，读 yà，不读 yàn，现多用"拔苗助长"。

恬不知耻——"恬"是安静、安然、不动心的意思，读 tián，不读 kuò。

从中斡旋——"斡"是旋转的意思，读 wò，不读 gàn。

酗酒滋事——"酗"是喝醉酒发脾气，读 xù，不读 xiōng。

唾手可得——"唾"指口水，也表吐唾沫，读tuò，不读 chuí。

削足适屦——"屦"是古代用麻、葛等制成的鞋，读 jù，不读 lǚ，今多作"削足适履"。

一丘之貉——"貉"是一种耳小嘴尖，昼伏夜出像狸一样的小动物，读 hé，"貉"是多音字，"貉子""貉绒"中读 háo。

有些成语容易写错，其中许多是由同音误解造成的。如将"滥竽充数"误写成"烂鱼充数"。"滥竽"和"烂鱼"同音，"烂鱼"在整体意义上也还说得过去，就是好鱼和坏鱼混在一起也能顶个数。但"滥竽"中"滥"原指水溢出，引申指不加选择、多余的、失实；"竽"是一种簧管乐器。"滥竽"字面上是多余（吹奏）乐器。出自《韩非子·内储说上》：齐宣王使人吹竽，必三百人，南郭先生不会吹竽也混在其中充数，后来齐湣王即位，喜欢听人一个一个地吹，南郭先生只好逃掉。了解确切的含义就不会误写。又如"有口皆碑"误写成"有口皆杯"，"碑""杯"同音，意思大不相同。"碑"指记功的石碑，引申指称赞、赞扬。"有口皆碑"即人人称赞之意。再如"变本加厉"误成"变本加利","厉""利"同音却不同义。"厉"指猛烈,"本"指原来。"变本加厉"犹见比原来更猛烈,与"本钱""利钱"无关。

总之,从形、音、义三方面来考虑掌握成语是必要的,对其中字形与音义和现代有出入的地方要特别注意,像"虚与委蛇"中的"委蛇"等都是难掌握的地方。

学习成语时,应该注意掌握它的整体意义,但是,对一部分成语来说,只掌握整体意义是不够的,必须理解内部成分的意义。否则,就会囫囵吞枣,产生隔靴搔痒之感。

成语的情况很复杂。有的成语从字面上一看就可以懂得它的意思,像"一清二白""乱七八糟""颠三倒四"之类;有的成语可能只懂其中的一部分,另一部分虽然不太懂,却也可以从已懂部分悟出它的意义来,像"好高骛远""化险为夷""城门失火,殃及池鱼"之类;有的成语字面意义可以懂,但和成语的整体意义相去甚远,不大容易联系起来,像"鲁鱼亥豕""举案齐眉""图穷匕见""含沙射影"之类。

由于成语的上述种种复杂情况以及学习者本身对成语理解程度的差异，学习时就不能不分别对待了。

一般说，对上述第一种情况的成语，不必逐字推敲其构成成分的意义，只要掌握整体意义就够了；如若把成语分开来推敲，反而弄得支离破碎，有损原义了。

对上述第二种情况的成语就不能采用前一种办法了。这类成语的意义，虽然可以掌握，终究不够落实。由于对其中个别成分的意义不了解或不太了解，自然就影响到对整体意义的理解。以"好高骛远"为例：一般都知道"好高骛远"的意义是"脱离现实，追求过高的目标"。知道这个意思的人，不一定能清楚地说明"骛"是什么意思。如果能够知道"骛"的本义是马在奔驰，这里引申为"追求"的意思，那么，毫无疑问，对成语"好高骛远"的整体意义理解得会更确切些、更深刻些。记得有个学生提这样的问题："城门失火，殃及池鱼"这个成语是"无故受牵累"的意思，但为什么城门失火一定是池子里的鱼遭殃呢？难道养鱼池一定放在城门附近吗？这个问题很有意思，它恰恰说明了第二种情况中成语存在的问题。"城门失火，殃及池鱼"的"池"不是水池子，而是护城河。"池鱼"就是护城河里的鱼。我们想一想，城门失火，当然要就近取水灭火，护城河是离城门最近的取水处，这样护城河里的鱼自然就要遭殃了！所以这类成语的"难点"必须突破，这是掌握这类成语的关键。下列成语都是带有这种成分的：

扬汤止沸——汤，热水。

户枢不蠹——户枢，门轴；蠹是蛀虫，这里作被蛀解。

缘木求鱼——缘，是沿、顺着、循着的意思。

饮鸩止渴——鸩是一种毒鸟，用它的羽毛可制成毒酒，这种毒酒也叫鸩。

义愤填膺——膺，胸。

放荡不羁——羁，本指马笼头，引申指拘束、束缚。

山珍海错——错，参差、杂列。"海错"指各种海味，《文选·张协〈七命〉》："穷海之错，极陆之珍。"合指陆上海里各种美味食品。

化险为夷——夷，动词指削平，名词指平地。整体意义是化危险为安全。

反唇相稽——稽指查考，也指计较、争论。"反唇"即回嘴、顶嘴。整体意思是受到指责，不服气，反过来指责对方。"稽"与"讥"不同义。

方枘圆凿——枘是榫头，凿是圆孔。方形的榫头和圆形的榫眼不相合。又作"方凿圆枘"。

对第三种情况的成语来说，字面意义的解释只是了解成语的第一步。这类成语都带有典故性，这就必须了解它的"背景"。"鲁鱼亥豕"和"因字形相近而写错了字"之间怎么联系起来的呢？原来，"鲁"和"鱼"、"亥"和"豕"篆文字形相似，故易相误。"鲁""鱼"相误事见《抱朴子·遐览》，"亥""豕"相误事见《吕氏春秋·察今》。不了解这一段"背景"就无法了解成语的意义以及为什么用这种形式代表这种意义。至于像"含沙射影"之类的成语，就显得更费周折了。从字面上看，是什么东西"含沙射影"呢？是一种叫作"蜮"的虫，也叫"短狐""射工""祝影"。据说"蜮"这种虫"汉中平年内，有物处于江水，其名曰蜮，一曰短狐。能含沙射人，所中者则身体筋急，头痛发热，剧者至死。江人以术方抑之，则得沙石于肉中"。事见晋·干宝《搜神记》。不管事实上有没有这么厉害的虫，作为"暗中害人"意义的体现者的成语"含沙射影"却存在下来了。"暗中害人"的意义是无法单靠字面意义了解的。这类成语只从字面上理解可能产生"望文生义"的恶果。例如"重作冯妇"这个成语是重做自己已经声明不做的事情的意思。"冯妇"是人名。《孟子·尽心下》中说，晋国有一个叫冯妇的人，善于打虎，后来决心不再打虎了。有一次，冯妇到野外去，看见许多人追一只老虎，老虎负隅顽抗，大家都不敢上前，这时冯妇又奋勇上前去打老虎，大家很高兴，可是也有人笑冯妇食言，不遵守自己的诺言。单从字面上看，一定会认为冯妇是冯姓女子，这就要闹笑话了；事实上这类笑话也不是没有的。明代冯梦龙的《古今谭概》里就记载过这样的笑话：

> ……张鳌山提学江北，以《冯妇善搏虎》为题。徐州一上云："冯妇，一妇人也，而能搏虎；不惟搏也，而又善焉。夫搏虎者何？扼其吭，斩其头，剥其皮，投于五味之中而食之也，岂不美哉！"……（《古今谭概·苦海·时艺》）

　　所以，学习成语既要注意整体意义，也要注意构成成分的意义，把二者有机地结合起来就能够透彻地理解成语。

七　成语的规范化

成语的规范化是汉语规范化的一部分。成语的规范化，一方面是内容的规范化，也就是"去粗取精""去古奥取通俗"的问题；另一方面是形式的规范化问题。关于内容的规范化，上节已作叙述，这里不重复了，下面谈谈在形式方面的规范化问题。

成语形式的规范化包括两个内容：一是定型问题，一是异读问题。

所谓"定型"就是一个成语有它固定的结构形式和意义，比如"朝令夕改"这个成语，我们不能随便说成"早令晚改"或"夕令朝改"。"朝令夕改"是一种定型的格式。这样说，我们现在常用的"节外生枝""造谣生事""人浮于事"岂不都是不规范的格式了吗？因为原来这些成语不是现在这种样子，而是"节上生枝""造言生事""人浮于食"；可是事实上大家所承认的又是"节外生枝""造谣生事""人浮于事"。这是不是矛盾？不是的，因为成语的定型与规范化具有时代性，它和成语本身的历史演变有本质的区别。

　　前面提到，成语比起一般词汇，稳固性很大，这是成语的一个突出特点，但这绝不是说成语就一成不变。相反的，应当承认成语的变化，同时给变化了的成语以合法的地位。从语言的发展观点来看，应该承认这种变化并不违反定型与规范化的原则，因为规范化本身也是一定历史的产物。同时这种变化没有改变成语的整体意义，变化的仅仅是部分结构成分；这些部分结构成分也大多是现代汉语或较浅显易懂的构词成分。成分的换用不但无损于原成语，反而扩大了它的使用范围，适应了现代汉语的要求，为人们更广泛地使用。"飞黄腾达"是我们常用的成语，但原来却是"飞黄腾踏"（韩愈《符读书城南》诗有"飞黄腾踏去，不能顾蟾蜍"之句），二者的整体意义是相同的，用"达"代"踏"意义更明显些，"达""踏"又是音相近的迭韵字。更重要的是变化成新形式的成语在群众中有深厚的基础，相反，原来形式的成语却失去了群众基础，大多数人对它感到陌生。在时间上二者也有先后之分，在地位上是后来的代替了原先的，两者是相续的，大多不是并存的。

所以，成语的这种历史演变，丝毫不会影响成语的定型原则。在一定时期中，这种形式的成语是"定型"的，过了一个历史时期，另一种"定型"取而代之，便成为该历史时期的规范形式。对"定型"的看法应该是历时的、发展的。

另一方面我们又不应把所有的变化都看成是"革新者"、新的"定型"。有些人由于某种原因（如对成语的原义不大清楚，或记忆不甚清楚，或受成语形式影响而主观臆造等）任意篡改了成语，这种"成语"看起来有些成分可能比原来通俗些，但由于没有群众基础而不能通行，就只能算是规范化的形式的变式。

例如：

你们以后说话要直接了当。（直截了当）

满船人惊得魂飞魄散，目眵口呆。（目瞪口呆）

只见前日门前客官走来走去，见了我指手点脚的。（指手画脚）

你们那家里不论什么时候都是一心一腹

的。(一心一意)

　　滴珠叹了口气，缩做一团，被吴大郎甜言媚语……(甜言蜜语)

　　为了这件事他东跑西走，忙了一天。(东奔西走或东奔西跑)

　　若遇刻薄商人，吹毛求病……(吹毛求疵)

　　妙惠此时辞色俱厉，有凛凛不可犯之状。(声色俱厉)

　　出了后门，轻车熟马，直到关上，雇了船只，径归广西。(轻车熟路)

　　一日叫化到一个村中，这村名为垫角村，人居稠密，十分热闹。(人烟稠密)

　　确定规范形式并不排斥个人使用上的变通，有时为了某种需要，临时变换一个成语的形式并不影响成语的交际效能，反而加强它的作用，使之更切合作者说话时的境界：

　　（1）我知道这种宣传有点危险，意在说我先是研究系的好友，现是共产党的同道，虽不至于"枪终路寝",益处大概总不会有的。

　　　　　　　——鲁迅《而已集·略谈香港》

　　（2）……太着力,就要"做",太"做",便不但"生涩",有时简直是"格格不吐"了,比早经古人"做"得圆熟了的旧东西还要坏。

　　　　　　　——鲁迅《花边文学·做文章》

　　（3）一乱说,便是"越俎代谋",当然"罪有应得"。

　　　　　　　——鲁迅《且介亭杂文·隔膜》

　　上例（1）中的"枪终路寝"脱影于成语"寿终正寝"。"正寝"就是"寝于正室"。旧日,人死后要停放于正房。"路寝"也有所本。宋·陆游《老学庵笔记》卷十:"古所谓路寝,犹言今正厅也。"鲁迅《华盖集·忽然想到·九》也曾用"寿终正寝":"我不想来加入这一类高尚事业了,怕的是毫无结果之前,已经'寿终正寝'。（是否真是寿终,真在正寝,自然是没有把握的,但此刻不妨写得好看一点。）"鲁迅先生变用"枪终路寝",隐指被暗中枪杀于路上。例（2）的"格格不吐"脱影于"格格不入"。"格格"指阻碍,"格格不入"

指抵触不相合。鲁迅《致章廷谦书》："我本不知'运动'的人，所以凡所讲演，多与该同盟格格不入。"改用"格格不吐"，"吐"换"入"，着力点跃然纸上。例（3）的"越俎代谋"脱影于"越俎代庖"。"俎"原指古代祭祀时陈列牛羊等祭品的礼器；"庖"指厨师。"越俎代庖"就是奉祭祀时，主祭之人越过礼器代替厨师工作，泛指越过自己工作范围去做别人的工作。换"庖"作"谋"，切合实际，文人自然主"谋"。

虽然实际上常常变通地使用成语，但成语定型、规范化的原则必须坚持，不是说大家可以随个人意志乱来。相反的，它说明任何个人使用上的变通都得有一定的根据，没有一个大家公认的基本形式，也就谈不到个人的变通，所谓"万变不离其宗"，没有"宗"也谈不上"变"。成语的规范化就是要使"宗"得到规范，而不是任何个人的"变"都可以代替"宗"。不明确这一点，就会混淆成语的历史演变和个人使用上的变通，就会纵容一些人乱改成语，助长成语使用上的混乱现象。

这里附带谈一下"仿造"的"成语"。

有一些成语在人们长时期的使用当中，运用的机会较多，影响也更广，因此，在某种情况下也常常被另一种内容的东西套用它的形式，甚至和原成语对比来说明问题：

> 学习方法是很重要的，方法好则"事半功倍"；不好，很可能"事倍功半"。

"事半功倍"是《孟子·公孙丑上》中的一句话："故事半古之人，功必倍之。"后人就以"事半功倍"来说明用力少而收效大。"事倍功半"显然是套用"事半功倍"的格式，用它来对比说明学习方法的重要。

> 为了早一点把高炉建成，工人同志们工作了一白天，但是工作还没有完成，看样子还得一晚上才能完工，于是他们不辞辛苦日以继夜地赶修高炉。

"夜以继日"也是《孟子·离娄下》中的一句话："周公思兼三王，以施四事，其有不合者，仰而思之，夜以继日；幸而得之，坐以待旦。"在上句中具体情况不适合用"夜以继日",于是套用了"夜以继日"的形式,换了新的内容,便成了"日以继夜"。

"事倍功半""日以继夜"都不是成语,虽然在某些场合下允许使用,但由于它们还不具备"普遍性",我们在使用时必须注意是否恰当。

成语的异读问题,主要是"旧读"(或"古读")和"今读"的冲突问题。

成语中有一些字,在现在一般的情况下已读成另一个音了。这些字究竟应该怎样读呢?这是规范化的问题。

解决这类成语的读法,并不是一个孤立的问题,它是和古典作品中某些字的读法相关联的。这些字多半是古代人名、地名、国名的专用字,假借字和多义字(一部分是变换词性产生的)。例如,"契"现代通读 qì,而作为帝尧的臣子的"契"就读 xiè;"叶"现代通读 yè,而作为古代河南叶县一带的地名就读 shè;"知"现代读 zhī,而作为"智"的假借字就读 zhì;"卒"现代读 zú,作为"猝"的假借字就读 cù;"乘"现代一般作为动词讲读 chéng,作为量词古代称四匹马拉的车讲就读 shèng；"与"一般读 yǔ，作为参与讲就读 yù。当一些成语有这类字的时候，就产生了"旧读""古读"问题。由于这类字是和古典作品中同类字相关的，所以最好联系起来考虑。

这一类字应该怎么读？我们应该从当前实际出发，脱离现实、闭着眼睛不管现实去谈怎么读是不实际的。现实是：多数有旧读的字已被改读现代读法；但少数字的旧读也被承认。在这种情况下，坚持非古读不可是没有群众基础的。

坚持"旧读"，如果无补于对作品或成语的理解，又不合于多数人的习惯，那就等于白白地增加一层人为的障碍，多了一重不必要的负担，真是有点"何苦来"。至于说，按旧读就可以有个"古味儿"，这又是一个毫无实际意义的花样。纵然把少数几个字读得"古"一点儿，也不可能做到全部真"古"，再说，做到了又达到一个什么目的呢？最多也不过是一个"复古主义"者罢了！鲁迅《南腔北调集·作文秘诀》曾有一段讽刺好古的话："至于修辞，也有一点秘诀：一要蒙眬，二要难懂。那方法，是：缩短句子，多用难字。譬如罢，作文论秦朝事，写一句'秦始皇乃始烧书'，是不算好文章的，必须翻译一下，使它不容易一目了然才好。这时就用得着《尔雅》,《文选》了，其实是只要不给别人知道，查查《康熙字典》也不妨的。动手来改，成为'始皇始焚书'，就有些'古'起来，到得改成'政俶燔典'，那就简直有了班马气，虽然跟着也令人不大看得懂。"这是对"崇古"的一个绝好嘲讽。

对这类字，我们主张原则上服从现代读法。根据这个原则，下列成语应该做如下处理。

叶公好龙——"叶"旧读 shè，本是河南一地名。《论语·子路》中"叶公问政"的"叶"过去也读 shè。现在河南叶县已读 yè，成语"叶公好龙"也就没有必要再保留旧读了。

闭门造车——"车"旧读 jū，现代只在象棋中保留 jū 的读法，其他一律读 chē。"杯水车薪"等成语中的"车"也应同样处理。

遗臭万年——"臭"旧读 xiù，今读 chòu。

哑然失笑——"哑"旧读 è，今读 yǎ。

身无长物——"长"旧读 zhàng，"长物"指多余的东西，"长"今读 cháng。

文过饰非——"文"旧读 wèn，动词，指掩饰，今读 wén 或两读并存。

朋比为奸——"比"旧读 bì，做"挨着""依附"义旧读去声，今读 bǐ。

走投无路——"走"做"奔向"义，旧读 zòu，今读 zǒu。

自相矛盾——"盾"旧读 shǔn，今读 dùn。

对这类成语所以这样处理，理由是：第一，旧的读法已失掉群众基础，原来的读法，在现代语言中已被另一读法普遍代替了。第二，旧读有旧读的作用，有的旧读代表专用名，有的标志另一词性，而现代不采用旧读也能表示旧读时的意义。例如《论语·阳货》中"公山弗扰以费畔"的"费"是山东地名，旧读 bì 或 mì，现在山东费县人自己也读 fèi 了，我们又有什么必要还去读 bì 呢？再如古代一些名词做动词用，就有不同的读法：

> 是其为人也，有粮者亦食，无粮者亦食；有衣者亦衣，无衣者亦衣。——《战国策·齐策四》
>
> 七十者衣帛食肉，黎民不饥不寒，然而不王者，未之有也。——《孟子·梁惠王上》

孟子见梁襄王，出，语人曰……——同上

庚辰，大雨雪。——《公羊传·隐公
九年》

上例中的"衣""食""王""语""雨"本是名词，
这里做动词之后都读去声。这种读法不仅在现代没
有必要，就是在古代也不完全如此：

于是乘其车，揭其剑，过其友曰："孟尝
君客我！"——《战国策·齐策四》

左右欲刃相如，相如张目叱之，左右皆
靡。——《史记·廉颇蔺相如列传》

曹子手剑而从之。——《公羊传·庄公
十三年》

公若曰："尔欲吴王我乎？"——《左
传·定公十年》

上例中"客""刃""手""吴王"也都是名词做动词
用，但不见有别样读法。因此，现代汉语里也没
有保留旧读的必要。成语"走投无路""朋比为奸"
就是这样处理的。

　　所谓原则上按现代读法处理，并不是所有的都这样处理，这样做是一种简单化的处理方法。如果属于下列情况的成语，仍然可以保留旧读。

　　一、成语中某些字有两种或两种以上的意义，不同意义有不同读法，这些不同读法在现代语言中仍然存在，其不同读法应该保留：

　　挑拨离间——"间"仍读 jiàn，不读 jiān。"间"做"中间"义讲读阴平声，如《论语·先进》中的"千乘之国，摄乎大国之间"；做"空隙"义讲读去声，如苏轼《范增论》中的"汉用陈平计，间疏楚君臣"。这两种读法在现代也并存，在成语中当然也可以保留。所以"间不容发"中的"间"应读阴平声。

　　沐猴而冠——"冠"做动词时读 guàn，《孟子·滕文公上》中的"许子冠乎？曰：冠"就是这种用法。做名词就读 guān。这两种用法读法在现代汉语中也并存，所以"沐猴而冠"的"冠"读去声，而"冠冕堂皇"的"冠"读阴平。

　　除旧更新——"更"做"换"义讲读 gēng，如《论语·子张》中"君子之过也，如日月之食焉。过也，人皆见之；更也，人皆仰之"的"更"。

做"进一步"义讲读 gèng，如《左传·僖公五年》中"在此行也，晋不更举矣"的"更"。"除旧更新"的"更"仍读阴平。

相机行事——"相"做"察看""扶助"义讲读 xiàng，如《左传·隐公十一年》"相时而动"中的"相"和《论语·季氏》"危而不持，颠而不扶，则将焉用彼相矣"的"相"就读去声。做"互相"义讲则读 xiāng，如《史记·陈涉世家》"苟富贵，无相忘"的"相"。"相机行事"的"相"是察看的意思，现代仍读去声。成语"相提并论""相得益彰""相形见绌""相辅相成"等的"相"读阴平。

强词夺理——"强"做"竭力""强迫"义讲读 qiǎng，如《孟子·滕文公上》"子夏、子张、子游以有若似圣人，欲以所事孔子事之。强曾子"中的"强"。做"强盛"义讲读 qiáng，如《孟子·梁惠王上》"弱固不可以敌强"中的"强"。成语"强词夺理""强颜为笑""强人所难"中的"强"读上声；"强弩之末""强取豪夺"中的"强"读阳平。

好逸恶劳——"好"做"爱好"义讲读 hào，如《论语·公冶长》中的"敏而好学"；做"美"

义讲读 hǎo，如《论语·子张》中的"窥见室家之好"。"恶"做"讨厌"义讲读 wù，如《战国策·齐策四》中的"左右皆恶之"；做"不善"义讲读 è，如《论语·颜渊》中的"君子成人之美，不成人之恶"。今两读都保留，所以"好逸恶劳"中的"好""恶"保留 hào、wù 的读法。

博闻强识——"识"做"认识"义讲读 shí，如《论语·阳货》中的"多识于鸟兽草木之名"。做"记住"义讲读 zhì，如《论语·述而》中的"默而识之"。现代"识"也写作"志"，实际读法还是存在的，成语的定型性强，"博闻强识"仍写"识"，但读"志"音。

一暴十寒——"暴"做"晒"义讲读 pù，如《孟子·滕文公上》中的"秋阳以暴之"。做"凶强"义讲读 bào，如《史记·伯夷列传》中的"以暴易暴兮，不知其非矣"。今两读俱存，"暴"做"晒"义讲通常也写成"曝"。成语"一暴十寒"的"暴"读 pù，"暴殄天物""暴风骤雨""横征暴敛"的"暴"读 bào。

度德量力——"度"做"一种计算量"或"过"义讲读 dù，如"度日如年""置之度外"的"度"。

做"揣度"义讲读 duó，如"度德量力""以己度人"。

二、成语中某些相沿承袭下来的假借字和已普遍通行的特定读法，因为没有失去群众基础，也应保留旧读，这可以作为成语定型的一种表现。例如：

余勇可贾——"贾"读 gǔ，是出卖的意思。"价""估""贾"是同源分化字，《孟子·滕文公上》中"巨屦小屦同贾"的"贾"就是"价"。

暴虎冯河——"暴虎冯河"是空手打虎、徒步过河的意思。《诗经·小雅·小旻》："不敢暴虎，不敢冯河，人知其一，莫知其他。"《论语·述而》："暴虎冯河，死而无悔者，吾不与也。""冯"与"凭"同音。

自怨自艾——"艾"读 yì，"期期艾艾"的"艾"读 ài。"自怨自艾"是自己怨恨自己的错误并予改正，"艾"是割、改正。"期期艾艾"中的"艾"是形容人口吃。

杳如黄鹤——"杳"在这里读 yǎo，不读miǎo。

心广体胖——"胖"不是"肥胖"的意思，而是"舒服""安定"的意思，读 pán，不读 pàng。现在用心广体胖形容人心性开朗体态肥胖，则"胖"已改读 pàng。

否极泰来——"否"读 pǐ，不读 fǒu。《易·杂卦》："否、泰，反其类也。"六十四卦中，"否"是不好的卦，"泰"是好的卦。

以上各例都是与旧读有关的成语。成语异读规范化还包括普通话一般异读规范问题。本书原出版于二十世纪五十年代，斗转星移，今借重印之机，把《普通话异读词审音表》中有关成语异读审音分列于下，以便参考：

髀肉复生——髀，bì，不读 pǐ。

勃然变色——色，sè，不读 shǎi。

尖嘴薄舌——薄，bó，不读 báo。

不差累黍——累，lěi，不读 lèi。

不稂不莠——莠，yǒu，不读 xiù。

不蔓不支——蔓，màn，不读 wàn。

毛遂自荐——遂，suì，不读 suí。

排难解纷——难，nàn，不读 nán。

呕心沥血——呕，ǒu，不读 ōu。

前仆后继——仆，pū，不读 pú 或 pǔ。

弃甲曳兵——曳，yè，不读 yì。

倾家荡产——倾，qīng，不读 qǐng。

趋之若鹜——鹜，wù。

螳臂当车——当，dāng；车，chē。

同仇敌忾——忾，kài。

痛心疾首——疾，jí，不读 jī。

唯唯诺诺——唯，wéi。

涎皮赖脸——涎，xián。

含辛茹苦——茹，rú。

汗流浃背——浃，jiā，不读 jiá。

一丘之貉——貉，hé，不读 háo。"貉绒"中的
"貉"读 háo。

曲高和寡——和，hè，不读 hé。"一唱一和"
中的"和"同读"hè"。

横行霸道——横，héng，不读 hèng。

囫囵吞枣——囫，hú；囵，lún。

咬文嚼字——嚼，jiáo，不读 jué。

鞠躬尽瘁——鞠，jū，不读 jú。

里应外合——应，yìng，不读 yīng。

量入为出——量，liàng。

鳞次栉比——栉，zhì，不读 jié。

屡见不鲜——鲜，xiān，不读"鲜见"中的 xiǎn。

漫山遍野——遍，biàn，不读 piàn。

不着边际——着，zhuó，不读 zháo。

藏头露尾——露，lù，不读 lòu。

差强人意——差，chā，不读 chà。

为虎作伥——伥，chāng，不读 zhàng。

乘风破浪——乘，chéng，不读 chèng。

赴汤蹈火——蹈，dǎo。

咄咄逼人——咄，duō。

管窥蠡测——蠡，lí，不读河北省蠡县的 lǐ。

怨声载道——载，zài，不读 zǎi。

自吹自擂——擂，léi。

自作自受——作，zuò，不读 zuō。

庸人自扰——庸，yōng。

颠三倒四——倒，dǎo。

至于成语的变化与规范化的关系问题，前面已述及，不再讨论了。

八　成语的灵活运用

先哲时贤的作品中有许多精彩的成语用例。这些用例具有极大的示范作用，对学习和使用成语有很好的帮助。这里选取一些典范用例并作简短的解析供学习参考。

第一种是以成语为文章题目。全篇以题目的成语为中心或起点论述观点。画龙点睛，题目便是"睛"。

《愚公移山》

中国古代有个寓言，叫做"愚公移山"。说的是古代有一位老人，住在华北，名叫北山愚公。他的家门南面有两座大山挡住他家的出路，一座叫做太行山，一座叫做王屋山。愚公下决心率领他的儿子们要用锄头挖去这两座大山。有个老头子名叫智叟的看了发笑，说是你们这样干未免太愚蠢了，你们父子数人要挖掉这样两座大山是完全不可能的。愚公回答说：

我死了以后有我的儿子，儿子死了，又有孙子，子子孙孙是没有穷尽的。这两座山虽然很高，却是不会再增高了，挖一点就会少一点，为什么挖不平呢？愚公批驳了智叟的错误思想，毫不动摇，每天挖山不止。这件事感动了上帝，他就派了两个神仙下凡，把两座山背走了。现在也有两座压在中国人民头上的大山，一座叫做帝国主义，一座叫做封建主义。中国共产党早就下了决心，要挖掉这两座山。我们一定要坚持下去，一定要不断地工作，我们也会感动上帝的。这个上帝不是别人，就是全中国的人民大众。全国人民大众一齐起来和我们一道挖这两座山，有什么挖不平呢？

这是一九四五年六月毛泽东在中国共产党第七次全国代表大会上发表的闭幕词，题目就叫《愚公移山》。把帝国主义、封建主义比作阻碍人们前进的太行山、王屋山，把中国共产党坚决反对帝国主义和封建主义比作愚公移山的坚决行动，把中国人民比作法力无边的上帝，把中国共产党用自己的行动来促使中国人民觉醒比作是感动上帝，这多么生动而鲜明地反映了现实！"愚公移山"虽然是来源于《列子·汤问》中寓言的一个成语，但在毛主席的笔下却活生生地反映了中国共产党组织、教育、领导中国人民推翻帝国主义封建主义统治的过程。

《不求甚解》

　　小时候读书讲到陶渊明的"好读书不求甚解"，先生就给我讲了，他说："不求甚解"者，就是不去看注解，而只读本文的意思。

这是鲁迅《伪自由书》中一篇文章的题目。"不求甚解"出自晋·陶渊明《五柳先生传》，原句是："好读书，不求甚解；每有会意，便欣然忘食。"依清·方宗诚《陶诗真诠八则》的解释："渊明诗曰：'区区诸老翁，为事诚殷勤。'盖深嘉汉儒之抱残守缺及章句训诂之有功于六经也。然又曰：'好读书，不求甚解。'盖又嫌汉儒章句训诂之多穿凿附会……是真持平之论，真得读经之法。"鲁迅文中引先生的讲解，即本此。全文由此生发，敷衍出自己的看法，借题发挥，妙趣横生。

《再论"文人相轻"》

今年的所谓"文人相轻",不但是混淆黑白的口号,掩护着文坛的昏暗,也在给有一些人"挂着羊头卖狗肉"的。

这是鲁迅《且介亭杂文二集》的一篇文章的题目。"文人相轻"出自三国魏·曹丕《典论·论文》:"文人相轻,自古而然。"鲁迅在文中还进一步批驳借文人相轻来掩饰文坛黑暗:"从圣贤一直敬到骗子屠夫,从美人香草一直爱到麻疯病菌的文人,在这世界上是找不到的,遇见所是和所爱的,他就拥抱,遇见所非和所憎的,他就反拨。"鲁迅《且介亭杂文二集·四论"文人相轻"》:"'朋友,以义合者也。'古人确曾说过的,然而又有古人说:'义,利也。'呜呼!""四论""五论"均围绕成语"文人相轻"议论发挥。

《咬文嚼字一》

以摆脱传统思想的束缚而来主张男女平等的男人,却偏喜欢用轻靓艳丽字样来译外国女人的姓氏:加些草头,女旁,丝旁。不是"思黛儿"，就是"雪琳娜"。西洋和我们虽然远哉遥遥，但姓氏并无男女之别，却和中国一样的，——除掉斯拉夫民族在语尾上略有区别之外。所以如果我们周家的姑娘不另姓绸，陈府上的太太也不另姓蔯，则欧文的小姐正无须改作妪纹，对于托尔斯泰夫人也不必格外费心，特别写成妥孋丝苔也。

这是鲁迅《华盖集》中的一篇文章，题目就是"咬文嚼字"。鲁迅先生以"咬文嚼字"这一成语讥讽翻译外国人名中的一些现象，"咬文嚼字"只不过是假托，借题发挥。鲁迅先生以成语为题的文章很多，如《热风》中的《即小见大》《事实胜于雄辩》，《二心集》中的《风马牛》，《南腔北调集》中的《"非所计也"》，《伪自由书》中的《"有名无实"的反驳》，《花边文学》中的《推己及人》《安贫乐道法》《"大雪纷飞"》，《且介亭杂文二集》中的《论"人言可畏"》等。

以成语入题，醒目又易引起读者兴趣，从而产生强烈阅读欲望。因此又有另一种标题形式出现：用成语做基础，改动个别成分，以变式"成语"为题目做文章：

《一思而行》

只要并不是靠这来解决国政，布置战争，在朋友之间，说几句幽默，彼此莞尔而笑，我看是无关大体的。就是革命专家，有时也要负手散步；理学先生总不免有儿女，在证明着他并非日日夜夜，道貌永远的俨然。小品文大约在将来也还可以存在于文坛，只是以"闲适"为主，却稍嫌不够。

这是《花边文学》中的一篇。"一思而行"是改成语"三思而行"而成的临时"成语"。"三思而行"出自《论语·公冶长》："季文子三思而后行，子闻之，曰：'再，斯可矣。'"指反复考虑再去做。鲁迅文中改"三"为"一"，强调文坛应给小品文以应有的地位。鲁迅在《南腔北调集·小品文的危机》中也强调了这一点。改动的部分，多是"眼"，即文章重点表达的部分。上例用"一"思，是说不"三"思，"一"就不容易了。同样的情况，在行文中也不少见。如鲁迅《坟·论"费厄泼赖"应该缓行》：

> 但是，"疾恶太严"，"操之过急"，汉的清
> 流和明的东林，却正以这一点倾败，论者也常
> 常这样责备他们。殊不知那一面，何尝不"疾
> 善如仇"呢？人们却不说一句话。假使此后光
> 明和黑暗还不能作彻底的战斗，老实人误将纵
> 恶当作宽容，一味姑息下去，则现在似的混沌
> 状态，是可以无穷无尽的。

"疾善如仇"脱胎于"疾恶如仇"。《后汉书·陈蕃
传》："又前山阳太守翟超、东海相黄浮，奉公不
桡，疾恶如仇。"意指憎恨坏人如同仇敌。鲁迅先
生借用"疾恶如仇"，改"恶"为"善"，用以揭露
对方的真实面目。

第二种是文中不直接使用某成语，而是以口语
讲故事的方式引用该成语及其语源，然后顺着故事
或其中某一点，衍述出要表达的内容。

鲁迅《且介亭杂文·中国文坛上的鬼魅》有这
样一段：

　　我们有一个传说。大约二千年之前，有一个刘先生，积了许多苦功，修成神仙，可以和他的夫人一同飞上天去了，然而他的太太不愿意。为什么呢？她舍不得住着的老房子，养着的鸡和狗。刘先生只好去恳求上帝，设法连老房子，鸡，狗，和他们俩全都弄到天上去，这才做成了神仙。也就是大大的变化了，其实却等于并没有变化。假使共产主义国里可以毫不改动那些权利者的老样，或者还要阔，他们是一定赞成的。然而后来的情形证明了共产主义没有上帝那样的可以通融办理，于是才下了剿灭的决心。

鲁迅用传说中淮南王刘安的故事说明共产主义是真改变旧的权力而不是升到天上的刘家，除了从地下搬到天上，什么也没改变。晋·葛洪《神仙传·刘安》："淮南王安临去时，余药器置在中庭，鸡犬舐啄之，尽得升天，故鸡鸣天上，犬吠云中也。"成语"一人得道，鸡犬升天""拔宅飞升"均本此。鲁迅文中没用成语，而以故事形式用了这一成语，别开生面，另辟蹊径。另，鲁迅《南腔北调集·家庭为中国之基本》也用了同样的手法：

> 成仙，这变化是很大的，但是刘太太偏舍不得老家，定要运动到"拔宅飞升"，连鸡犬都带了上去而后已，好依然管家务，饲狗，喂鸡。

鲁迅《集外集拾遗·英译本〈短篇小说集〉自序》中有一段：

> 中国的古书里有一个比喻，说：邯郸的步法是天下闻名的，有人去学，竟没有学好，但又已经忘却了自己原先的步法，于是只好爬回去了。
> 我正爬着。但我想再学下去，站起来。

例中故事源于《庄子·秋水》："且子独不闻夫寿陵余子之学行于邯郸与？未得国能，又失其故行矣，直匍匐而归耳。"成语便说成"学步邯郸"或"邯郸学步"，意指模仿不成，反而忘掉原有的东西。文中借用这个故事，顺势表示"想再学下去，站

起来"战斗到底的决心。下面一个例子是"此地无银"的故事引用,鲁迅《伪自由书·推背图》:

> 里巷间有一个笑话:某甲将银子三十两埋在地里面,怕人知道,就在上面竖一块木板,写道:"此地无银三十两"。隔壁的阿二因此却将这掘去了,也怕人发觉,就在木板的那一面添上一句道,"隔壁阿二勿曾偷。"这就是在教人"正面文章反看法"。

"三十"今多作"三百"。借这个故事,表达从"正面"看"反面"的深刻认识。这种用法发展到极端,便变成普通大白话,成语形式变得无影无踪。

鲁迅《故事新编·采薇》:

> 然而祸不单行。掉在井里面的时候,上面偏又来了一块大石头。

"落井"说成"掉在井里面","下石"成了"上面偏又来了一块大石头",完完全全的通俗口语,没有"落井下石"的"文字"。"落井下石"源于唐·韩

愈《柳子厚墓志铭》："一旦临小利害，仅如毛发
比，反眼若不相识，落陷阱，不一引手救，反挤
之，又下石焉者，皆是也。"

又有介于成语与白话之间的用法，如鲁迅
《坟·看镜有感》：

> 但是要进步或不退步，总须时时自出新
> 裁，至少也必取材异域，倘若各种顾忌，各种
> 小心，各种唠叨，这么做即违了祖宗，那么做
> 又像了夷狄，终生惴惴如在薄冰上，发抖尚且
> 来不及，怎么会做出好东西来。

"惴惴如在薄冰"就是白文叙述，"如在薄冰"又与
成语"如履薄冰"仅"在"与"履"一字之差。"如
履薄冰"出自《诗经·小雅·小旻》："战战兢兢，
如临深渊，如履薄冰。"同样，把成语中某一成分
变成口语，形成"成（成语）白（口语）相间"的
混用格式，也是一种灵活用法。鲁迅《华盖集续
编·不是信》：

> 但他既不指名，我也就只回敬他一通骂

街，这可实在不止"侵犯了他一言半语"。这
回说出来了；我的"以小人之心"也没有猜错
了"君子之腹"。

"以小人之心度君子之腹"源自《左传·昭公二十八
年》："愿以小人之腹，为君子之心。"后用作"以
小人之心度君子之腹"，《醒世恒言·钱秀才错占
凤凰俦》："谁知颜俊以小人之心，度君子之腹，此
际便是仇人相见，分外眼睁。"文中没有用"度
（duó）"而换了"也没有猜错了"，形成巧妙组合，
文白相间，别具一格。

第三种是不直接用成语，而是用成语原句或变
式来表达。形式灵活多变：

幸而因"诗孩"而联想到诗，但不幸而我
于诗又偏是外行，倘讲些什么"义法"之流，
岂非"鲁般门前掉大斧"。

这是鲁迅《集外集拾遗·诗歌之敌》中的一段。文
中"鲁般门前掉大斧"即成语"班门弄斧"的变用，
鲁班是春秋时代鲁国的巧匠。《孟子·离娄》朱熹注：

"公输子，名班，鲁之巧人也。"唐·柳宗元《王氏伯仲唱和诗序》："操斧于班、郢之门，斯强颜耳。"明·梅之焕《题李太白墓》："采石江边一堆土，李白之名高千古，来来往往一首诗，鲁班门前弄大斧。"文中将梅诗"弄"换成"掉"。

> 然而"弱不禁风"的小姐出的是香汗，"蠢笨如牛"的工人出的是臭汗。不知道倘要做长留世上的文字，要充长留世上的文学家，是描写香汗好呢，还是描写臭汗好？这问题倘不先行解决，则在将来文学史上的位置，委实是"岌岌乎殆哉"。

这是鲁迅《而已集·文学和出汗》论述写什么人的重要性。文中"岌岌乎殆哉"用成语来表示就是"岌岌可危"。《孟子·万章上》："孔子曰：于斯时也，天下殆哉，岌岌乎！"鲁文"岌岌乎殆哉"既没用"殆哉岌岌乎"也没用"岌岌可危"。

同类用法颇多。鲁迅《两地书·北京（十九）》：

> 假如于心不甘，赶紧发信抗议，还来得

及，但如到星期二夜为止并不痛哭流涕之抗议，即以默认论，虽驷马也难于追回了。

成语"驷马难追"也做"一言既出，驷马难追"，语出《邓析子·转辞》："一声而非，驷马勿追；一言而急，驷马不及。"宋·欧阳修《笔说·驷不及舌说》："俗云：'一言出口，驷马难追'，《论语》所谓'驷不及舌'也。"文中将"驷马难追"化作"虽驷马也难于追回了"。

鲁迅《书信·致李秉中》：

此地有人拾"彼间"牙慧，大讲"革命文学"，令人发笑。

《且介亭杂文·儒术》：

现在忽由播音，以"训"听众，莫非选讲者已大有感于方来，遂绸缪于未雨么？

文中用语"拾'彼间'牙慧"、"绸缪于未雨"，均可视为成语"拾人牙慧"、"未雨绸缪"的变式使用。

"拾人牙慧"出自南朝宋·刘义庆《世说新语·文学》:"殷中军云:'康伯未得我牙后慧'。""未雨绸缪"出自《诗经·豳风·鸱鸮》:"迨天之未阴雨,彻彼桑土,绸缪牖户。"

第四种是故意模糊使用成语。和前一种使用方法接近,不采用成语格式表达成语的意义,但在语言形式上隐约可见成语的影子,但又不能说它是成语,造成一种两可的模糊效果。

鲁迅《三闲集·无声的中国》:

> 所以,大家不能互相了解,正像一大盘散沙。

鲁迅《书信·致台静农》:

> 盖北新已非复昔日之北新,如一盘散沙,无人负责。

二例相比较:后例中"一盘散沙"可视为成语;前例中"一大盘散沙"多一"大",模糊了界限,难以视作成语。因为是"有意为之",故而有积极的修辞效果。

鲁迅《两地书·北京（二九）》：

> 这原因大概是因为"无聊"，人到无聊，便比什么都可怕，因为这是从自己发生的，不大有药可救。

"不可救药"出自《诗经·大雅·板》："多将熇熇，不可救药。"上文中的"不大有药可救"与成语"不可救药"似是而非，界限模糊。

《两地书·厦门—广州（七一）》：

> 我的生命，碎割在给人改稿子，看稿子，编书，校字，陪坐这些事情上者，已经很不少，而有些人因此竟以主子自居，稍不合意，就责难纷起，我此后颇想不再蹈这覆辙了。

成语"重蹈覆辙"出自《后汉书·窦武传》："今不虑前事之失，复循覆车之轨。"又作"复蹈其辙"，《宋史·子砥传》："往者契丹主和议，女真主用兵，十余年间竟灭契丹。今复蹈其辙，譬人畏虎，啮虎以肉，食尽终必食人。"上文"不再蹈这覆辙了"
与成语"重蹈覆辙"也同样界限模糊。

这种故意模糊，造成两可局面，不同于另一种
变式使用成语，即换用成语的成分。换用的成分多
为同义或近义关系，而成语整体格式并未破坏。如
鲁迅《呐喊·自序》：

> 《新生》的出版之期接近了，但最先就隐
> 去了若干担当文字的人，接着又逃走了资本，
> 结果只剩下不名一钱的三个人。

成语"不名一钱"出自汉·王充《论衡·骨相》：
"（邓）通有盗铸钱之罪，景帝考验，通亡，寄死人
家，不名一钱。"今多作"不名一文"或"不名一
格"。"钱""文"变换不影响成语整体结构，"钱"
"文"意义相通，无伤于成语整体意义。

又如鲁迅《坟·论"费厄泼赖"应该缓行》：

> 可是革命终于起来了，一群臭架子的绅士
> 们，便立刻皇皇然若丧家之狗，将小辫子盘在
> 头顶上。

成语"丧家之狗"出自《史记·孔子世家》："孔子适郑，与弟子相失，孔子独立郭东门。郑人或谓子贡曰：'东门有人，其颡似尧，其项类皋陶，其肩类子产，然自要（腰）以下不及禹三寸，累累若丧家之狗。'"此后又作"丧家之犬"，《金瓶梅词话》第四七回："忙忙如丧家之犬，急急如漏网之鱼。""狗""犬"同义，两用皆可。

第五种是以成语为依托论述观点。形式上像解词，实际由此敷衍开来表达自己的观点。这种用法，早期比较简单。如清·李汝珍《镜花缘》七十一回中"古人云：'人杰地灵。'人不杰，地安得灵？地不灵，树又安得生？"的用法。其简单的用法多是拆解成语，对举使用。

鲁迅《坟·论睁了眼看》：

中国的文人也一样，万事闭眼睛，聊以自欺，而且欺人，那方法是：瞒和骗。

……

凡有缺陷，一经作者粉饰，后半便大抵改观，使读者落诬妄中，以为世间委实尽够光明，谁有不幸，便是自作，自受。

鲁迅《且介亭杂文二集·隐士》：

　　　因为一方面，是"自视太高"，于是别方
面也就"求之太高"，彼此"忘其所以"，不能
"心照"，而又不能"不宣"，从此口舌也多起
来了。

鲁迅《二心集·关于翻译的通信（并 J.K. 来信）》：

　　　这两部小说，虽然粗制，却并非滥造，铁
的人物和血的战斗，实在够使描写多愁善病的
才子和千娇百媚的佳人的所谓"美文"，在这
面前淡到毫无踪影。

　　上述诸例，析解"自作自受""自欺欺人""心
照不宣"和"粗制滥造"都属简单析用。而复杂的
则是整段甚至通篇由成语铺陈、论述。

　　鲁迅《伪自由书·从盛宣怀说到有理的压迫》：

　　　打听起来，说是民国十六年国民革命军初
到沪宁的时候，又没收了一次盛氏家产：那次

的罪名大概是"土豪劣绅",绅而至于"劣",再加上卖国的旧罪,自然又该没收了。

鲁迅《花边文学·奇怪(三)》:

> 先前的"见怪者",说是"见怪不怪,其怪自败",现在的"怪"却早已声明着,叫你"见莫怪"了。

前例"土豪劣绅",由"绅"引入"劣",后例"见怪不怪"引出"见莫怪",这可算是初级的引申。

再进一级的引申,如鲁迅《且介亭杂文二集·"题未定"草八》:

> 中国人常说"有一利必有一弊",也就是"有一弊必有一利";揭起小无耻之旗,固然要引出无耻群,但使谦让者泼剌起来,却是一利。

鲁迅《坟·从胡须说到牙齿》:

虽然有人数我为"无病呻吟"党之一，但我以为自家有病自家知，旁人大概是不很能够明白底细的。倘没有病，谁来呻吟？如果竟要呻吟那就已经有了呻吟病了，无法可医。

鲁迅《热风·"圣武"》：

古时候，秦始皇帝很阔气，刘邦和项羽都看见了；邦说，"嗟乎！大丈夫当如此也！"羽说，"彼可取而代也！"羽要"取"什么呢？便是取邦所说的"如此"。"如此"的程度，虽有不同，可是谁也想取；被取的是"彼"，取的是"丈夫"。

鲁迅《华盖集·咬文嚼字（三）》：

后来，幸而在《国立北京女子师范大学校长杨荫榆对于暴烈学生之感言》中，发现了"与此曹子勃谿相向"这一句话，才算得到一点头绪：校长和学生的关系是"犹"之"妇姑"。

这四个例子都是以成语为基础进而层递推演，发挥论点。例一以"有一利必有一弊"为基础推演出"有一弊必有一利"，"一弊"是"引出无耻群"，"一利"则是"谦让者泼剌起来"。例二是以"无病呻吟"为基础，敷衍而出"自家有病自家知"，"倘没有病，谁来呻吟？"。例三是以"取而代之"的语源"彼可取而代也"为基础，推演"取"的实质。例四是以"妇姑勃谿"为基础推演出"校长"与学生的关系，揭露了杨荫榆的嘴脸。成语"妇姑勃谿"出自《庄子·外物》："室无空虚，则妇姑勃谿。"成玄英疏："勃谿，争斗也。"成语"妇姑勃谿"指家庭中的争吵。杨校长"镇压"学生，岂是用家庭争吵能掩盖的！

最令人赞叹的是通篇文章以成语为中心，借题发挥，一泻千里，酣畅淋漓。鲁迅先生在《且介亭杂文二集·六论"文人相轻"——二卖》中，借用成语"倚老卖老"反击了说他"适是表出'老头子'的确不行"。全文较长，中间稍作节略，保留有关部分：

今年文坛上的战术，有几手是恢复了五六

年前的太阳社式，年纪大又成为一种罪状了，叫作"倚老卖老"。

其实呢，罪是并不在"老"，而在于"卖"的，假使他在叉麻酱，念弥陀，一字不写，就决不会惹青年作家的口诛笔伐。如果这推测并不错，文坛上可又要增添各样的罪人了，……有的卖富，说卖稿的文人的作品，都是要不得的；……有的卖穷，或卖病，说他的作品是挨饿三天，吐血十口，这才做出来的，所以与众不同。有的卖穷和富，说这刊物是因为受了文阀文僚的排挤，自掏腰包，忍痛印出来的，所以又与众不同。有的卖孝，说自己做这样的文章，是因为怕父亲将来吃苦的缘故，那可更了不得，价值简直和李密的《陈情表》不相上下了。有的就是衔烟斗，穿洋服，唉声叹气，顾影自怜，老是记着自己的韶年玉貌的少年哥儿，这里和"卖老"相对，姑且叫他"卖俏"罢。

不过……"卖老"的也真特别多。……但普通都不谓之"卖"，另有极好的称呼，叫作"有价值"。

　　"老作家"的"老"字，就是一宗罪案，这法律在文坛上已经好几年了，……这回才由上海的青年作家揭发了要点，是在"卖"他的"老"。

　　……中国各业，多老牌子，文坛却不然，创作了几年，就或者做官，或者改业，或者教书，或者卷逃，或者经商，或者造反，或者送命……不见了。"老"在那里的原已寥寥无几……

　　谁有"卖老"的吗？一遇到少的俏的就倒。

　　……所以专门"卖老"，是不行的，因为文坛究竟不是养老堂，又所以专门"卖俏"，也不行的，因为文坛究竟也不是妓院。

　　二卖俱非，由非见是，混沌之辈，以为两伤。

　　全篇紧扣"老"与"卖"，一环扣一环，刀刀见血，直逼要害。成语之妙用，无出其右。

后　记

　　《成语简论》成稿于 1958 年，1959 年 5 月由辽宁人民出版社出版。它原是教学心得的一部分，出版之后，销路颇好。同在内蒙古工作的内蒙古大学中文系主任张清常先生曾对我开玩笑地说，他在王府井新华书店买这本书还要排队。这恐怕和当时出版物不够丰富有关。若在现在，有关成语的各类书籍琳琅满目（此后仅我主动或被动参编的成语词典或论述就有十数种）就不会出现当时的情况了。1962 年出了第二版修订本，此后又多次印刷，我手头保存的第五次印刷本，累计印数已达 245 000 册。20 世纪 70 年代，辽宁人民出版社曾安排再版，经协商，改由内蒙古人民出版社出版，这便是 1973 年的《成语》了。

　　本次承蒙商务印书馆重新刊印《成语简论》，一是感激，感谢汉语编辑中心对本书的错爱，居然肯重版刊印这本半个多世纪前的"准古董"，有些受宠若惊，诚惶诚恐；一是内容的单薄，用例的偏狭，恐贻笑大方。为此，曾考虑进行修改以免愧对读者。但修改有两层难：一层是大拆大改，做大手术，翻新不如另起炉灶，重写则失却本书重印的初衷；二层是泥抹小修，少量换一些"老掉牙"的语例，但这样修修补补既不能拔高书质，又失去本来面目。旧日裁缝们有一条经验是：拆旧不如缝新。况且"拆"的界限也难于限定，拆了甲处，又想拆乙处，拆了乙处又想拆丙处，拆来拆去，伊于胡底，于是，不改也罢。所以此次重印只是少数补、改，基本是原貌。《成语简论》本来就是一个历史资料。历史就是旧日的事实，事实无法更改，不能掩盖也不能美化，真实才是历史的价值。这本小书作为有关论述的一滴水，让它回归史海，也算是对历史的一种尊重。

近年来，关于成语方方面面的研究越来越深入、细致。当初看似不是问题的问题，如今成了问题，当初认为是小问题的问题，如今成了大问题。笔者在此中摸爬滚打近 60 年，深感要解决的问题良多，研究理论不易，解决实际更难。在探讨成语诸多方面，我虽不是第一个吃螃蟹的人，却是诸多吃蜘蛛的人中的一员。

　　成语的研究无法孤立地进行。早年读前人的诸多笔记，奇怪为什么总是把方言俗语（包括成语）放在一起。且不说《吴下方言考》、《通俗文》、《蜀语》、《俚言解》、《雅俗稽言》、《恒言录》、《恒言广证》、《通俗编》、《证俗文》、《迩言等五种》（包括《迩言》、《释谚》、《语窦》、《常语寻源》和《俗说》）、《越谚》、《古谣谚》，近人的一些著作也是如此。这一点在之后写的《谚语·歇后语·惯用语》（1961年辽宁人民出版社第一版，1964年第二次印刷）时深有感触。1973年陆续出版的熟语丛书已经体现了这种成语与其他熟语相互关联的认识，也对前人把方言俗语混搭研究的用意，有了更多的感悟。

　　成语作为中华文化重要承载者越来越受到社会的关注。《成语简论》作为昨天的脚印，雪泥鸿爪，以青涩的过去，瞩望更加灿烂的明天。

　　旧稿中的谬、漏及与今日规范要求不符之处，蒙刘静编辑同志细心改正，不胜感激。

作者

2018年仲夏于北京